Deutsche Grammatik

– Basiswissen –

Wortarten, Satzbau, Zeitformen und Zeichensetzung spielend leicht erlernen oder nachschlagen

Anna-Lena Pietz

Alle Ratschläge in diesem Buch wurden vom Autor und vom Verlag sorgfältig erwogen und geprüft. Eine Garantie kann dennoch nicht übernommen werden. Eine Haftung des Autors beziehungsweise des Verlags für jegliche Personen-, Sach- und Vermögensschäden ist daher ausgeschlossen.

Email: info@edition-lunerion.de
www.edition-lunerion.de

Psiana eCom UG
Berumer Str. 44
26844 Jemgum

INHALT

Deutsche Sprache, schwere Sprache...oder?

Exzellente deutsche Grammatik ist eine Schlüsselqualifikation. Das gilt für Fremdsprachenschüler genauso wie für Muttersprachler und genau darauf zielt dieses systematisch erstellte Lehrbuch ab: Sicherheit und Durchblick in allen sprachlichen Lebenslagen. Sie wagen sich an die Sprache der Dichter und Denker als Fremdsprachler heran? Dann finden Sie hier den perfekten Grammatikfahrplan für effizientes und präzises Lernen. Für Ihre Karriere sollte Ihre Grammatik absolut makellos sein? Schleifen Sie mit den Lektionen und Übungen Ihr Deutsch zurecht wie einen Diamanten. Machen Sie sich mit Grundlagen wie Wortarten, Flexion und Deklination ebenso vertraut wie mit den komplexeren Fragen nach Kasus, Satzgefüge oder Zeitformen. Und schließlich verlieren mit klaren Regeln und gezielter Erläuterung sogar die gefürchteten Kommaregeln ihren Schrecken und Sie gewinnen verlässliche Sicherheit im Umgang mit Partizipgruppe, Sonderzeichen und korrektem Sprachgebrauch im Schriftverkehr. Leicht verständliche und didaktisch sinnvoll aufbereitete Lektionen machen die grammatikalischen Regeln zum Kinderspiel und dank der anschließenden Übungen festigen Sie Ihr neuerworbenes Wissen gezielt und langfristig!

Wortebene

DIE BASISWORTARTEN

Als Basiswortarten bezeichnet man die drei am häufigsten verwendeten Wortarten in einem Satz: Substantive, Verben und Adjektive. Doch was genau ist eigentlich eine Wortart?

Wörter mit ähnlichen Eigenschaften können der gleichen Wortart zugeordnet werden, dabei werden die folgenden Kriterien berücksichtigt:

Morphologie	Syntax	Semantik
Ist das Wort veränderbar und wenn ja, wie?	Welche grammatische Funktion hat das Wort?	Welche Bedeutung hat das Wort?
z. B. gehen – ging	z. B. Position im Satz	z. B. Verben beschreiben Tätigkeiten

Zu bestimmen, welches Wort zu welcher Wortart gehört, ist nicht immer ganz leicht und eindeutig. So stellt sich z. B. die Frage, ob „der Alte" ein Substantiv als Namenwort ist oder doch eher zu den Adjektiven gehört, da das Adjektiv „alt" die Basis bildet. Im Folgenden werden die einzelnen Wortarten vorgestellt, um so etwas Klarheit über die unterschiedlichen Eigenschaften der Wortarten zu verschaffen.

Substantive

Eine der häufigsten verwendeten Wortarten im Deutschen sind die Substantive, auch Nomen, Namenwörter oder Hauptwörter genannt. Diese beschreiben Personen, Tiere, Pflanzen, Begriffe oder Gegenstände.

Substantive werden immer **groß** geschrieben

Es gibt zwei verschiedene Gruppen von Substantiven, sie werden in konkrete Substantive (Konkreta) und abstrakte Substantive (Abstrakta) unterteilt. Als Konkreta bezeichnet man alle Substantive, die mit den Sinnen wahrgenommen werden können. Auch ausgedachte Dinge, wie z. B. ein Einhorn, gelten als existent und werden daher auch als konkretes Substantiv oder Konkreta bezeichnet. Als Abstrakta bezeichnet man alle Substantive, die nicht mit den Sinnen wahrgenommen werden können, so z. B. Glück oder Freundschaft.

Das grammatikalische Geschlecht von Substantiven wird auch als Genus bezeichnet. Man unterscheidet zwischen maskulinen, femininen und neutralen Substantiven. Diese können anhand des vorangestellten direkten Artikels erkannt werden.

Genus	Artikel	Substantiv
Maskulinum	der	Schuh
Femininum	die	Frau
Neutrum	das	Fenster

Grundsätzlich muss das Geschlecht gelernt werden, es gibt aber auch Tipps und Hinweise, wie z. B. die Endung des Substantivs, die auf ein bestimmtes Geschlecht hindeuten.

Tipp 1) Dem natürlichen Geschlecht folgen
z. B. die Frau, der Bruder, die Mutter, die Katze, der Kater, der Bulle

Tipp 2) Berufe sind maskulin, Berufe bei Frauen + Endung „in"
z. B. der Schauspieler, der Lehrer, die Schauspielerin, die Lehrerin

Tipp3) Die meisten Ländernamen haben keinen Artikel oder sind maskulin
Ausnahmen: die Schweiz, die (Ant-) Arktis, Länder mit der Endung „ei" (z. B. die Mongolei)

Tipp 4) Verschiedene Endungen deuten auf die unterschiedlichen Geschlechter hin, diese müssen allerdings mitgelernt werden

Maskuline Substantive:

- Jahreszeiten: der Sommer, der Winter
- Monate: der Mai, der September
- Wochentage: der Donnerstag, der Sonntag
- Himmelsrichtungen: der Norden, der Südwesten
- Substantive mit folgenden Endungen:
    - **-ant**: z. B. der Diamant, der Mandant
    - **-är**: z. B. der Millionär, der Eisbär
    - **-eur/ör**: z. B. der Ingenieur, der Amateur, der Likör
    - **-ich**: z. B. der Bereich, der Vergleich
    - **-ig**: z. B. der Abzweig, der Honig
    - **-iker**: z. B. der Botaniker, der Elektriker
    - **-ismus**: z. B. der Egoismus, der Hinduismus
    - **-ist**: z. B. der Kapitalist, der Jurist
    - **-ling**: z. B. der Eindringling, der Schmetterling
    - **-or**: z. B. der Alligator, der Automotor

<u>Feminine</u> Substantive:

- <u>Bäume</u>: die Linde, die Eiche
- <u>Blumen</u>: die Tulpe, die Hyazinthe
- <u>Zahlen</u>: die Fünf, die Hundert
- <u>Substantive</u> mit den folgenden Endungen
    - **-ade**: z. B. die Blockade, die Dekade
    - **-aille**: z. B. die Medaille, die Taille
    - **-aise**: z. B. die Mayonnaise, die Polonaise
    - **-age**: z. B. die Abfrage, die Niederlage
    - **-anz**: z. B. die Bilanz, die Substanz
    - **-ei**: z. B. die Fischerei, die Bäckerei
    - **-elle**: z. B. die Stelle, die Kapelle
    - **-enz**: z. B. die Audienz, die Präsenz
    - **-ette**: z. B. die Kette, die Wette
    - **-euse/ -öse**: z. B. die Reuse, die Schleuse
    - **-ie**: z. B. die Linie, die Virologie
    - **-ik**: z. B. die Logik, die Rubrik
    - **-ille**: z. B. die Pille, die Stille
    - **-in**: z. B. die Tänzerin, die Lehrerin
    - **-ion**: z. B. die Absorption, die Aktion
    - **-isse**: z. B. die Geheimnisse, die Hornisse
    - **-tät**: z. B. die Spontanität, die Diversität
    - **-itis**: z. B. die Gastritis, die Bronchitis
    - **-ive**: z. B. die Initiative, die Judikative
    - **-heit**: z. B. die Schönheit, die Freiheit
    - **-keit**: z. B. die Zuverlässigkeit, die Aufdringlichkeit
    - **-schaft**: z. B. die Mannschaft, die Verwandtschaft
    - **-sis**: z. B. die Dosis, die Physis
    - **-ung**: z. B. die Trauung, die Erwartung
    - **-ur**: z. B. die Figur, die Skulptur

Neutrale Substantive:

- Verkleinerungsformen auf „-chen“ und „-lein“: das Mädchen, das Fräulein, das Hundchen
- Metalle: das Eisen, das Gold, das Palladium, das Silber
- Fast alle chemischen Elemente und Medikamente: das Natrium, das Zink, das Aspirin
- Gebrochene Zahlen: das Viertel, das Achtel, das Zehntel
- Substantive mit folgenden Endungen:
    - **-tel**: z. B. das Drittel, Viertel, Fünftel etc.
    - **-ett**: z. B. das Bett, das Duett
    - **-um**: z. B. das Vakuum, das Studium
    - **-ma**: z. B. das Aroma, das Klima

Aber Achtung! Auch hier gibt es Ausnahmen, die es einfach zu lernen gilt.

Zudem kann sich die Morphologie der Substantive ändern, d. h., sie können aufgrund von drei unterschiedlichen Faktoren angepasst werden:

Geschlecht (Genus) ->	der Lehrer, die Lehrerin
Anzahl (Numerus)	der Hund, die Hunde
Fall (Kasus)	der Sohn, des Sohnes

Das Anpassen der Substantive nennt man deklinieren. Weiteres hierzu finden Sie in dem Kapitel „Flexion von Nomen“.

Übung 1

Setzen Sie den richtigen Artikel vor die Substantive und bestimmen Sie das Genus (Lösung s. Kapitel „Lösungen"):

Genus	Artikel	Substantiv
		Kind
		Junge
		Schwester
		Tänzerin
		Sudan
		Politik
		Pfötchen
		Koma
		Fröhlichkeit
		Abgleich

Verben

Verben haben viele wichtige Funktionen in einem Satz. Sie können zum einen eine Tätigkeit, einen Vorgang oder einen Zustand beschreiben. Sie definieren, was das Substantiv des Satzes tut, und werden deshalb auch als Tunwort oder Tätigkeitswort bezeichnet. Zum anderen werden Verben aber auch als Zeitwörter bezeichnet, da sie die Aufgabe haben, anzugeben, in welcher Zeit etwas passiert. Verben können also an unterschiedliche Zeitformen angepasst werden. Alle Verben haben einen Infinitiv, auch Grundform genannt. Diese setzt sich zusammen aus dem Wortstamm und der Endung „en".

z. B. **schwimm**en, **seh**en, **lauf**en, **spiel**en

Die Verben werden in einem Satz aber nicht in dem Infinitiv, also in ihrer Grundform verwendet, sondern an zwei Faktoren angepasst:

- das Substantiv oder auch Pronomen, dessen Tätigkeit sie beschreiben (z. B. der Baum, ich)
- an die Zeitform, in der die Tätigkeit geschieht (z. B. Gegenwart, Vergangenheit)

Das Anpassen der Verben an das Substantiv oder Pronomen des Satzes bezeichnet man als Konjugation. Zunächst muss beachtet werden, auf welche Person sich das Verb bezieht (1., 2. oder 3. Person), dann schaut man, ob sich das Verb auf Substantive im Singular oder Plural bezieht. Im Deutschen gibt es drei Personen, die in der Einzahl (Singular) oder in der Mehrzahl (Plural) stehen können:

	Singular	Plural
1. Person	**ich renne**	**wir rennen**
2. Person	**du rennst**	**ihr rennt**
3. Person	**er, sie, es rennt**	**sie rennen**

Weitere Informationen dazu finden Sie im Kapitel „Konjugation Verben".

Es gibt zudem verschiedene Arten von Verben:

Vollverben z. B. Sie rennt	Beschreiben eine Handlung alleine
Hilfsverben z. B. Sie ist geschwommen	Zum Bilden von Zeitformen (haben, sein, werden)
Modalverben z. B. Er muss das Auto waschen	Zur Modifizierung des Vollverbs (dürfen, können, mögen, müssen, sollen, wollen)

Trennbare und untrennbare Verben

Zudem gibt es die Möglichkeit, Verben sogenannte Präfixe oder auch Vorsilben anzufügen. Die Verben bekommen dadurch zumeist eine völlig neue Bedeutung.

- schreiben **abschreiben**
- bauen **aufbauen**
- fangen **empfangen**
- kennen **erkennen**

Wie man in den Beispielen sieht, wird das Verb durch eine Vorsilbe verändert und erhält so eine andere Bedeutung. Das Problem mit Präfixen ist, dass diese teilweise trennbar sind und teilweise nicht. Schaut man sich die Beispiele nun in kompletten Sätzen an, so sieht man, dass zwei Beispiele (schreiben, bauen) trennbar und zwei Beispiele (fangen, kennen) untrennbar sind.

- Das Kind **schreibt** von seinem Nachbarn **ab**.
- Die Darsteller **bauen** ihren Stand **auf**.
- Der Präsident ***empfängt*** den Außenminister.
- Sie ***erkennt*** die Frau nicht.

In den Beispielen wird der Unterschied zwischen trennbaren und untrennbaren Verben sehr deutlich. Folgende Regel gilt:

Betonte Präfixe sind immer **trennbar**, ***unbetonte*** Präfixe werden ***nicht getrennt***

Bis auf einige Ausnahmen können alle Präfixe in diese beiden Kategorien eingeordnet werden. Es gibt allerdings auch Präfixe, bei denen beides möglich ist. Dazu zählen:

- **durch-**: Die Familie ***durchquert*** die Wüste.

Das Kind **schneidet** das Geschenkband **durch**.

- **über-**: Wir ***überqueren*** die Brücke.

Das Wasser im Topf **springt** gleich **über**.

- **um-**: Er ***umfährt*** das Hindernis.

Die Firma **stellt** ihre Struktur völlig **um**.

- **unter-**: Sie ***untermauert*** die Autorität der Chefin.

Sie **fahren unter** dem Berg.

- **wieder-**: Ich möchte den Mann nicht ***wiedersehen***.

Hol das Fahrrad **wieder** zurück.

- **wider-**: Ihr ***widerfährt*** etwas Schönes.

Die Situation **spiegelt** das **wider**.

Übung 2

Füllen Sie die Lücken mit den entsprechenden Verben in den folgenden Sätzen, handelt es sich um trennbare oder untrennbare Verben? (Lösung s. Kapitel „Lösungen“)

	Verben
Sie ____________ das Kind ______.	umrennen
Sie ____________ die Wüste ______.	durchfahren
Sie ___________ das Essen _________.	bereitstellen
Er _____________ die Brücke ________.	überqueren
Sie _________ den Job ________.	aufgeben
Er __________ das Kind _________.	zurechtweisen
Das Kind _________ das Schild ________.	aufstellen
Sie ____________ das Geschehen________.	umschreiben

Adjektive

Adjektive sind Wörter, mit denen Substantive genauer beschrieben werden können. Sie dienen dazu, Eigenschaften von Substantiven zu beschreiben, und werden deshalb auch Eigenschaftswörter oder Wie-Wörter genannt.

Adjektive können vor oder hinter dem Nomen stehen und werden immer klein geschrieben

Stehen Adjektive allerdings vor den Substantiven, muss deren Form angepasst, sie müssen also dekliniert werden. Man kann deklinierte Adjektive an den Endungen erkennen. Stehen die Adjektive im Satz allerdings hinter den Substantiven, ist das nicht nötig. Im Folgenden drei Beispielsätze zu der Position und Anpassung der Adjektive:

Das **schöne** Kleid		Das Kleid ist **schön**.
Der **liebe** Hund	->	Der Hund ist **lieb**.
Die **schüchternen** Kinder		Die Kinder sind **schüchtern**.

In den Beispielen ist zu sehen, dass eine Deklination nicht von dem Adjektiv an sich abhängt, sondern alleine von der Position im Satz. Man kann Adjektive gemäß ihrer Funktion und Position im Satz in drei unterschiedliche Gruppen aufteilen.

1. Prädikative Adjektive

Prädikative Adjektive stehen immer hinter den Substantiven und den Verben „**bleiben, werden und sein**". Sie beschreiben das Subjekt des Satzes und werden in ihrer Grundform verwendet, d. h. nicht dekliniert.

- Das Kleid ist schön.
- Wir bleiben gelassen.
- Sie wird rot.

2. Adverbiale Adjektive

Adverbiale Adjektive stehen genau wie prädikative Adjektive hinter dem Substantiv und dem Verb. Der Unterschied zu den prädikativen Adjektiven ist, dass die adverbialen Adjektive das Verb des Satzes genauer beschreiben. Auch hier bleiben die Adjektive in ihrer Grundform und werden nicht dekliniert.

- Der Hund bellt laut.
- Das Kind spricht sehr leise.
- Das Parfüm riecht toll.

3. Attributive Adjektive

Attributive Adjektive stehen nicht wie die beiden anderen Gruppen hinter den Substantiven, sondern davor. Sie stehen gleichzeitig hinter dem Artikel (bestimmt oder unbestimmt) der Substantive, also zwischen Artikel und Substantiv. Sie werden demnach genau wie Substantive und Artikel an Fall, Geschlecht und Anzahl angepasst, also dekliniert. Auch die attributiven Adjektive beschreiben das Substantiv genauer.

- Ein *schlauer* ***Hund***
- Die *schöne* ***Küche***
- Das *leckere* ***Essen***

Wie man an den Beispielsätzen sehen kann, stehen die Adjektive nicht mehr in ihrer Grundform, sondern ihnen wird entsprechend dem Geschlecht, der Anzahl und dem Fall der Substantive eine Endung angehängt.

Übung 3

Füllen Sie die Lücken mit den entsprechenden Adjektiven, je nach Einteilung setzen Sie das Adjektiv vor oder hinter das Substantiv und passen es gegebenenfalls an (Tipp: **Attributive Adjektive** werden dekliniert) (Lösung s. Kapitel „Lösungen"):

	Adjektiv
Die _________ Frau ist ________.	schön
Der _________ Baum steht________ im Garten.	grün
Der ___________ Sohn lacht ____________.	zuverlässig
Das __________ Kind vergisst _________nichts.	klug
Das ___________ Mädchen ist __________.	leise
Der __________ Hase ist __________ im Bau.	schnell
Der __________ Schüler ist _________.	bereit
Der ________ Hund ________.	lieb
Die _____________ Mutter kocht __________viel.	fürsorglich
Das __________ Essen schmeckt __________.	toll

WEITERE WORTARTEN

Pronomen

Pronomen werden auch Fürwörter genannt, da sie entweder ein Substantiv näher erläutern oder dieses sogar ersetzen können. Dabei wird auch die Form der Pronomen an das Substantiv angepasst, also dekliniert. Pronomen ändern ihre Form je nach Fall, Anzahl, Geschlecht und Person. Der richtige Gebrauch von Pronomen ist nicht immer ganz einfach, da es sehr viele verschiedene Gruppen von Pronomen gibt und diese ganz unterschiedlich in einem Satz verwendet werden können. Im Folgenden werden diese näher betrachtet.

1. Personalpronomen

ich, du, er/sie/es, wir, ihr, sie

Die Personalpronomen wurden bereits in dem Kapitel „Verben" erwähnt, nun werden diese genauer beschrieben. Man nennt Personalpronomen auch persönliche Fürwörter. Sie dienen dazu, bereits erwähnte Substantive zu ersetzen. Man kann also vermeiden, einen Namen oder ein Substantiv jeglicher Art mehrmals zu nennen. Im Deutschen gibt es folgende acht Personalpronomen:

	Singular	Plural
1. Person	**ich**	**wir**
2. Person	**du**	**ihr**
3. Person	**er, sie, es**	**sie**

Beispiel: **Lisa** war gestern shoppen. **Sie** hat eine teure Uhr gekauft.

In dem zweiten Satz wird vermieden, das Substantiv (Lisa) ein zweites Mal zu nennen, es wird also ersetzt durch das Personalpronomen „sie" (3. Person, Singular).

2. Demonstrativpronomen

der, die, das, dieser, jener, derjenige, derselbe

Demonstrativpronomen werden auch als hinweisende Fürwörter bezeichnet. Sie werden zum Hervorheben und genaueren Beschreiben des Substantivs verwendet.

Beispiel: **Das** ist **derselbe** Hund von gestern.

In diesem Satz wird ausgedrückt, dass der Hund gestern schon einmal gesehen wurde. Das Demonstrativpronomen gibt also genauere Informationen zu dem Hund.

3. Possessivpronomen

mein, dein, sein/ihr/sein, unser, euer, ihr

Possessivpronomen drücken aus, wem etwas gehört. Sie sind Ausdruck von Besitz und Zugehörigkeit und werden deshalb auch als besitzanzeigende Fürwörter bezeichnet.

Beispiel: Das ist nicht **mein** Autoschlüssel.

In diesem Satz wird ausgedrückt, dass der Autoschlüssel nicht meiner ist, sondern jemand anderem gehören muss. Der Autoschlüssel wird durch das Possessivpronomen näher beschrieben, indem es Aussagen über den Besitzer des Autoschlüssels trifft.

4. Relativpronomen

der, die, das, welcher, welche, welches

Relativpronomen leiten, wie der Name schon sagt, Relativsätze ein und werden deshalb als bezügliche Fürwörter bezeichnet. Ein Relativsatz ist ein Nebensatz, der den Hauptsatz näher erläutert.

Beispiel: Das ist das Kind, **welches/das** mir gestern das Geschenk gegeben hat.

Hier wird der Hauptsatz („Das ist das Kind") näher beschrieben. Sie wissen nun, dass das Kind, von dem die Rede ist, gestern ein Geschenk überreicht hat.

Weiteres zum Thema Haupt-, Neben- und Relativsätze finden Sie in dem Kapitel „Satzgefüge".

5. Reflexivpronomen

mich, mir, dich, dir, sich, uns, euch, sich

Reflexivpronomen werden auch als rückbezügliche Fürwörter bezeichnet und beziehen sich immer auf das Subjekt des Satzes. Sie werden verwendet, wenn man über **sich selbst** redet oder wenn über **andere** gesprochen wird, die **etwas zusammen machen**.

Beispiel: Sie treffen **sich** zum Einkaufen.

In diesem Satz führen beide Personen zusammen eine Aktion aus, sie machen etwas zusammen. Das drückt das Reflexivpronomen aus.

6. Interrogativpronomen

wer, was, wem, wen, wessen

Die Interrogativpronomen finden Verwendung als Fragewörter und werden deshalb auch als Fragefürwörter bezeichnet. Sie stehen für das Substantiv, nach dem gefragt wird, und passen sich deshalb auch in ihrer Form an dieses an.

Beispiel: **Was** sollen wir zum Geburtstag mitbringen?

Beispiel: **Wen** sollen wir zum Geburtstag mitbringen?

In beiden Fragen wird nach dem Substantiv gefragt, der Unterschied ist, dass in der ersten Frage nach Dingen gefragt wird, in der zweiten Frage wird nach Personen gefragt. Das Interrogativpronomen passt sich also an das Substantiv an, nach dem gefragt wird.

7. Indefinitpronomen

manches, etwas, nichts, einiges, niemand

Indefinitpronomen werden auch als unbestimmte Fürwörter bezeichnet. Sie werden für undefinierte Verallgemeinerungen benutzt.

Beispiel: Ich habe **einige** Aufgaben zu erledigen.

In diesem Satz wird erklärt, dass einige Aufgaben erledigt werden müssen, man aber nicht genau weiß, wie viele, die Aufgaben sind undefiniert.

Übung 4

Unterstreichen Sie in den folgenden Sätzen das Pronomen des Satzes und bestimmen Sie die Art der Pronomen (Lösung s. Kapitel „Lösungen").

	Pronomen
Dein Hund ist sehr lieb.	
Das Kleid gefällt mir überhaupt nicht.	
Das Kind hat etwas auf dem Herzen.	
Wir treffen uns heute.	
Ich heiße Lisa.	
Paul mag die Katze, die gestern die Straße entlang lief.	
Wessen Schlüssel ist das?	
Das ist dieselbe Frau von gestern.	

Adverbien

Adverben werden im Deutschen dazu benutzt, Umstände zu beschreiben, und werden deshalb auch als Umstandswort bezeichnet. Adverben bestehen meist aus nur einem Wort, das genauere Angaben zu folgenden Dingen macht:

- Zeit
- Ort
- Grund
- Art und Weise

Adverbien können sich auf Substantive, Verben, Adjektive oder andere Adverben beziehen. Sie werden in ihrer Form nicht verändert. Es gibt vier verschiedene Gruppen von Adverben, die im Folgenden näher beschrieben werden.

Adverbien der Zeit

Adverben der Zeit oder auch **Temporaladverben** geben Auskunft über ein zeitliches Geschehen. Sie können über einen Zeitpunkt, einen Zeitraum, eine Zeitdauer, Wiederholungen, Häufigkeiten und vieles mehr informieren. Adverben der Zeit lassen sich durch bestimmte Fragewörter, wie z. B. wann, wie lang und wie oft, erfragen. Die Antworten und somit Adverben der Zeit könnten sein: **bald, sofort, nie, heute, gestern, immer, davor, danach, oft** etc.

Adverbien des Ortes

Adverben des Ortes oder **Lokaladverbien** geben genauere Auskunft über den Ort, an dem etwas passiert. Auch Adverben des Ortes lassen sich durch Fragewörter erfragen. Hier sind es die Wörter wo, wohin, woher. Antworten und somit Adverben des Ortes könnten sein: **dort, da, unten, oben, vorn, links, oberhalb, überall, irgendwo** etc.

Adverbien des Grundes

Mit Adverben des Grundes oder auch **Kausaladverbien** können Angaben zu einem Grund gemacht werden, also warum etwas passiert. Die Fragewörter zum Erkennen der Adverben des Grundes sind entsprechend weshalb und warum. Antworten und damit Adverben des Grundes können sein: **also, deshalb, darum, trotzdem, demnach, sicherheitshalber, folglich** etc.

Adverbien der Art und Weise

Adverben der Art und Weise oder auch **Modaladverbien** geben Auskunft über die Art und Weise, wie etwas passiert. Die Fragewörter wie, wie sehr und wie viel helfen beim Erkennen der Adverbien der Art und Weise. Mögliche Antworten und damit Adverbien dieser Gruppe könnten sein: **fast, beinahe, kaum, genauso, ganz, gerne, hoffentlich** etc.

Übung 5

Unterstreichen Sie in den folgenden Sätzen das Adverb des Satzes und bestimmen Sie die Art der Adverbien (Lösung s. Kapitel „Lösungen").

	Adverb
Die Party ist toll, deshalb bleibe ich etwas länger.	
Die Katze ist genauso nett wie der Hund.	
Sicherheitshalber frage ich nach dem Weg.	
Der Schlüssel liegt unter dem Schrank.	
Wir haben gestern toll zu Abend gegessen.	
Komm sofort hier her!	
Sie wäre beinahe ins Wasser gefallen.	
Ich gehe immer vor dem Schwimmen duschen.	

Artikel

Substantive treten meistens in Begleitung von Artikeln auf, deshalb nennt man diese Wortart auch Begleiter. Als Begleiter haben die Artikel die Funktion, mehr Informationen über das jeweilige Substantiv zu geben. So kann man über den Artikel z. B. Informationen über das Geschlecht des Substantivs oder dessen Anzahl bekommen.

Im Deutschen wird unterschieden zwischen bestimmten (direkten) und unbestimmten (indirekten) Artikel:

Anzahl	Singular			Plural
Geschlecht	maskulin	feminin	neutral	
bestimmte Artikel	**der**	**die**	**das**	**die**
unbestimmte Artikel	**ein**	**eine**	**ein**	-

Die Verwendung der bestimmten Artikel „der", „die" und „das" weisen, wie der Name schon sagt, auf etwas ganz Bestimmtes oder etwas bereits Erwähntes hin. Möchte man betonen, dass es sich um einen bestimmten Baum in einem Wald handelt, spricht man von dem Baum (bestimmter Artikel). Unbestimmte Artikel hingegen verwendet man, wenn man über etwas Unbestimmtes oder Allgemeines spricht, z. B. ein Baum hat grüne Blätter.

Es gibt Substantive, die **keinen Begleiter** haben. Dazu zählen Eigennamen wie **Städte oder Länder** (Ich komme aus Deutschland), **spezielle Fähigkeiten** (Sie spielt Fußball) oder **Materialien** (Der Sessel ist aus Leder)

Unbestimmte Artikel haben keine Pluralform und können nur im Singular verwendet werden.

Wie bereits im Kapitel über die Substantive beschrieben, müssen diese, je nachdem, in welchem der vier Fälle sie stehen, dekliniert werden. Da die Artikel so eng mit ihrem Substantiv verbunden sind, müssen auch diese dekliniert werden, d. h., auch die Artikel müssen an die vier Fälle angepasst werden. In der folgenden Tabelle wird dargestellt, welche Form die bestimmten und unbestimmten Artikel in dem jeweiligen Fall annehmen.

	bestimmter Artikel		unbestimmter Artikel	
Genus	Singular	Plural	Singular	Plural
Nominativ	**der, die, das**	**die**	**ein, eine, ein**	-
Genitiv	**des, der, des**	**der**	**eines, einer, eines**	-
Dativ	**dem, der, dem**	**den**	**einem, einer, einem**	-
Akkusativ	**den, die, das**	**die**	**einen, eine, ein**	-

Übung 6

Füllen Sie die Lücken mit den entsprechenden Artikeln. Achtung, in einige Lücken gehört kein Artikel (Lösung s. Kapitel „Lösungen").

Er spielt ______ Fußball. (?)
____ Halsband des Hundes ist schön. (bestimmter Artikel)
Sie spielt dem Lehrer ______ Streich. (unbestimmter Artikel)
Das Sofa ist aus ______ Stoff. (bestimmter Artikel)
_____ Kinder spielen gerne auf ______ Straße. (bestimmter Artikel)
Die Lehrerin erzählt ______ Geschichte. (unbestimmter Artikel)
_____ Spanien ist das schönste Land der Welt. (?)
_____ Tiere fressen ______ Essen. (bestimmter Artikel)
Sie findet _____ Kleid nicht schön. (bestimmter Artikel)

Präpositionen

Präpositionen helfen dabei, Elemente eines Satzes zueinander in Beziehung zu setzen, und werden deshalb auch Verhältniswörter genannt. Diese Wortart ist besonders wichtig, um die Aussage eines Satzes richtig zu verstehen. Im Folgenden ein Beispiel dafür, wie wichtig die unterschiedlichen Präpositionen sind.

- Die Schlüssel liegen auf dem Tisch.
- Die Schlüssel liegen unter dem Tisch.

Es ist ein großer Unterschied, ob die Schlüssel auf dem Tisch oder unter dem Tisch liegen, weil sie z. B. heruntergefallen sind. Mit Präpositionen wird also ein Verhältnis ausgedrückt. In dem Beispiel ist es das Verhältnis zwischen dem Schlüssel und dem Tisch.

Präpositionen stehen in den meisten Fällen **vor** ihrem Bezugswort

Präpositionen können, wie in dem Beispiel, **Beziehungen** zwischen Substantiven, aber auch zwischen Pronomen beschreiben. In dem folgenden Beispiel bezieht sich die Präposition auf ein Pronomen.

- Wir warten auf euch.

Genau wie die Adverbien kann man auch die Präpositionen in vier unterschiedliche Gruppen aufteilen.

Lokale Präpositionen

Lokale Präpositionen beschreiben die Bewegung des Bezugswortes im **Raum** oder den **Ort**, an dem sich das Bezugswort befindet. Man kann diese daran erkennen, dass man sich fragt, **wo** sich etwas befindet oder wohin es sich bewegt.

Präpositionen des Ortes sind z. B. **auf, über, unter, hinter, von, nach.**

Temporale Präpositionen

Diese Präpositionen beschäftigt sich mit **zeitlichen** Verhältnissen. Sie zeigen an, **wann** etwas passiert oder **wie lange** es dauert.

Präpositionen der Zeit sind z. B. **vor, nach, während, bis, ab.**

Modale Präpositionen

Modale Präpositionen werden verwendet, um die **Art und Weise** zu beschreiben, auf die etwas getan wird. Beschreibt man beispielsweise, **wie** man bei einer wichtigen Aufgabe vorgegangen ist, so verwendet man Präpositionen der Art und Weise, wie z. B. **mit, ohne, gegen.**

Kausale Präpositionen

Kausale Präpositionen beschreiben ein **begründendes** Verhältnis. Mit ihrer Hilfe wird erklärt, **warum** etwas geschehen ist.

Präpositionen des Grundes sind z. B. **dank, durch, aufgrund.**

Übung 7

Unterstreichen Sie in den folgenden Sätzen die Präposition des Satzes und bestimmen Sie die Art der Präposition (Lösung s. Kapitel „Lösungen“).

	Präposition
Der Teppich liegt unter dem Tisch.	
Dank der letzten Lieferung ist das Geschenk da.	
Ich habe mich gegen das Kleid entschieden.	
Ich bin während der Feier nach Hause gegangen.	
Ich bin durch dich darauf gekommen.	
Mit dir an meiner Seite fühle ich mich gut.	
Sie holte sich vor dem Spiel etwas zu trinken.	
Der Schlüssel ist unter den Sitz gefallen.	
Ich bleibe bei meiner Freundin bis zum späten Nachmittag.	

Nominalisierung

Eine Nominalisierung oder auch Substantivierung nennt man die Umformung einer anderen Wortart zu einem Substantiv oder Nomen. Vor allem kann eine Nominalisierung bei Verben oder Adjektiven erfolgen, eher seltener aber auch bei anderen Wortarten. Nominalisierungen werden genau wie Substantive immer groß geschrieben.

Nominalisierung von **Verben**

Es gibt verschiedene Möglichkeiten, ein Verb zu nominalisieren:

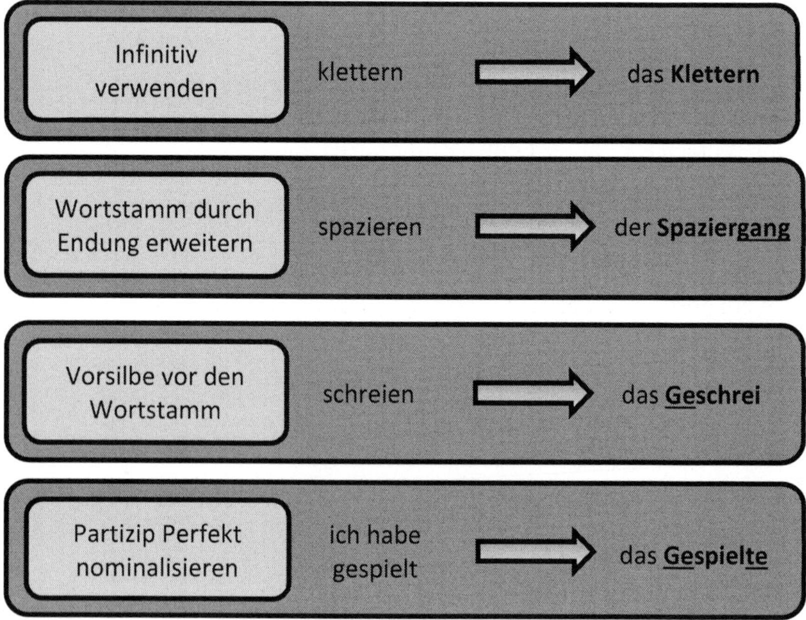

Nominalisierung von **Adjektiven**

Es gibt ähnliche Möglichkeiten wie bei den Verben, ein Adjektiv zu nominalisieren:

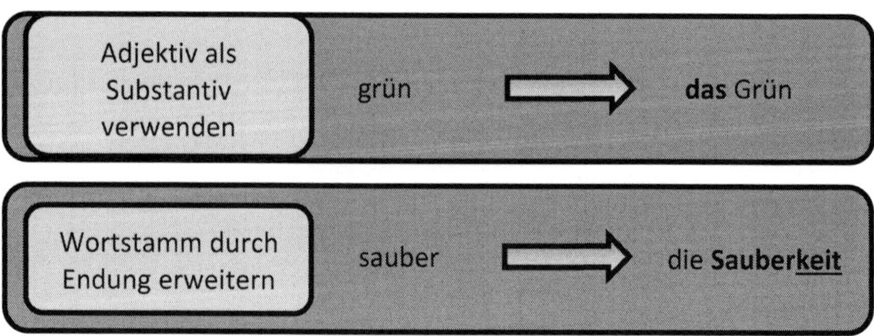

Nominalisierung von anderen **Wortarten**

Auch andere Wortarten können nominalisiert werden, dies kommt aber eher selten vor:

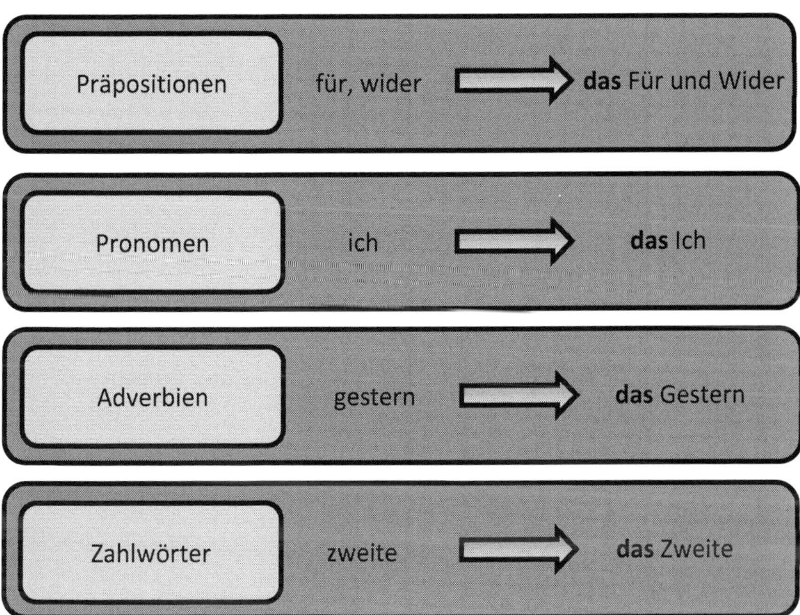

Übung 8

Wandeln Sie die folgenden Wörter in ein Substantiv oder Nomen um (Lösung s. Kapitel „Lösungen"):

Wortarten	Nominalisierung
wandern	
gelb	
heute	
fünfte	
beweisen	
laufen	
einsam	
rennen	
empfindlich	

Partikel

Partikel sind eingefügte Signalwörter, die eine Sprache lebhafter wirken lassen. Allerdings haben sie, wenn sie alleine stehen, meist keine Bedeutung. Hauptsächlich werden Partikel in der gesprochenen Sprache verwendet. Sie können einen Satz positiv oder negativ beeinflussen. Da sie kein grammatikalisches Element sind, können Partikel jedoch auch jederzeit weggelassen werden. Man unterscheidet zwischen Gradpartikel, Fokuspartikel und Modalpartikel.

Gradpartikel

Gradpartikel stehen meist vor einem Adjektiv oder Adverb und haben die Funktion, dieses zu stärken oder abzuschwächen. Deshalb werden Gradpartikel auch Steigerungspartikel genannt. Je nachdem, welches Wort man wählt, gibt es unterschiedliche Grade der Abschwächung oder Verstärkung.

Beispiel: Ich bin **sehr** froh, dass es dir besser geht.

An dem Beispiel kann man sehen, dass der Partikel „sehr" vor dem Adjektiv „froh" steht und dieses verstärkt oder steigert. Der Partikel könnte aber auch ohne Probleme weggelassen werden. Der Satz wäre dann weniger stark.

Folgende Wörter gehören zu den Gradpartikeln: **absolut, enorm, extrem, äußerst, sehr, total, recht, völlig, höchst, ganz, ziemlich, zu** etc.

Fokuspartikel

Auch der Fokuspartikel hebt, genau wie der Gradpartikel, etwas hervor. Allerdings geht es bei diesem Partikel nicht um die Verstärkung, sondern um das Hervorheben eines Aspekts. So kann der Fokuspartikel sich auf alle Satzteile beziehen und steht in der Regel vor dem Satzglied, welches er hervorhebt.

Beispiel: Das Essen war toll, mir hat **sogar** das Gemüse geschmeckt.

An diesem Beispiel kann man sehen, dass Fokuspartikel keine Wörter verstärken, sie betonen lediglich bestimmte Satzglieder oder -teile wie hier „das Gemüse".

Folgende Wörter gehören zu den Fokuspartikeln: **allein, besonders, bloß, erst, gerade, lediglich, nur, selbst, sogar, zumindest, wenigstens** etc.

Modalpartikel

Modalpartikel oder auch Abtönungspartikel sind Wörter, die Gefühle oder die Stimmung des Sprechers vermitteln können. Genau wie die Gradpartikel können auch Modalpartikel verstärken oder abschwächen. Hier kommt es ganz stark darauf an, wie die Modalpartikel betont werden. Je nach Betonung kann das gleiche Wort sogar unterschiedliche Dinge bedeuten. Sie stehen zumeist in der Satzmitte hinter dem Verb und dem Pronomen.

Beispiel: Ist das **vielleicht** eine Katze?

Beispiel: Das ist **vielleicht** schlecht gelaufen.

In dem ersten Beispiel drückt das „vielleicht" Verunsicherung aus. Man ist sich nicht sicher, ob es sich um eine Katze handelt. Im zweiten Satz betont das „vielleicht" die Verärgerung des Sprechers, dass etwas schlecht gelaufen ist.

Folgende Wörter zählen zu den Modalpartikeln: **vielleicht, ja, eigentlich, denn, doch, mal, eben/halt, wohl, schon/ruhig, bloß, nur.**

Übung 9

Unterstreichen Sie die Partikel in den Sätzen und bestimmen Sie die Art der Partikel (Lösung s. Kapitel „Lösungen“).

	Partikel
Sag bloß, du bist dort hingegangen.	
Vielleicht ist sie zu Hause.	
Ich hätte gedacht, wenigstens du würdest kommen.	
Ich bin ganz schön müde.	
Sie fühlt sich sehr schön in dem Kleid.	
Das hat wohl doch keinen Sinn.	
Zumindest ist das Kind nach Hause gekommen.	
Sie ist extrem zurückhaltend.	
Mich hat es doch noch erwischt.	

WORTBILDUNG

Die Deutsche Sprache ist nicht statisch, sondern verändert sich stetig. Einige Wörter, die man vor 50 Jahren häufig genutzt hat, benutzt man in der heutigen Sprache nicht mehr. Deshalb ist es wichtig, wie man neue Wörter bildet. Dazu muss man wissen, dass es im Deutschen unterschiedliche Wortbausteine gibt. Wortbausteine können einmal der Wortstamm, aber auch Präfixe (Vorsilben) oder Suffixe (Endungen) sein. Es gibt drei unterschiedliche Methoden, neue Wörter zu bilden. Diese werden im Folgenden näher erklärt.

Zusammensetzung (Komposition)

Von Zusammensetzung oder Komposition spricht man, wenn zwei oder mehr Wörter zusammengesetzt werden und daraus ein neues Wort entsteht. Dabei können die zusammengesetzten Wörter der gleichen Wortart oder unterschiedlichen Wortarten angehören.

Zusammengesetzte Substantive

Um eine substantivische Komposition handelt es sich, wenn das Grundwort bzw. das zweite Glied ein Substantiv ist. Folgende Zusammensetzungen sind möglich:

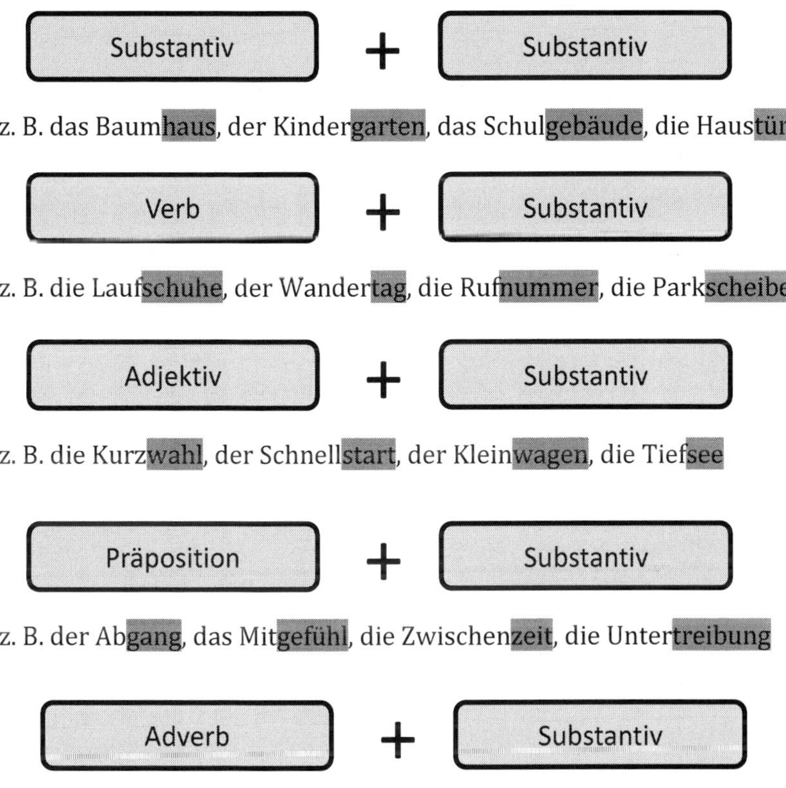

Es können auch substantivische Kompositionen mit anderen Wortarten gebildet werden, diese sind jedoch eher selten.

Zusammengesetzte Verben

Um eine verbale Komposition handelt es sich, wenn das Grundwort bzw. das zweite Glied ein Verb ist. Unterschied zu den substantivischen Kompositionen ist, dass bei verbalen Kompositionen aufgrund des Verbes als Grundwort auch immer Verben entstehen. Folgende Kombinationen sind möglich:

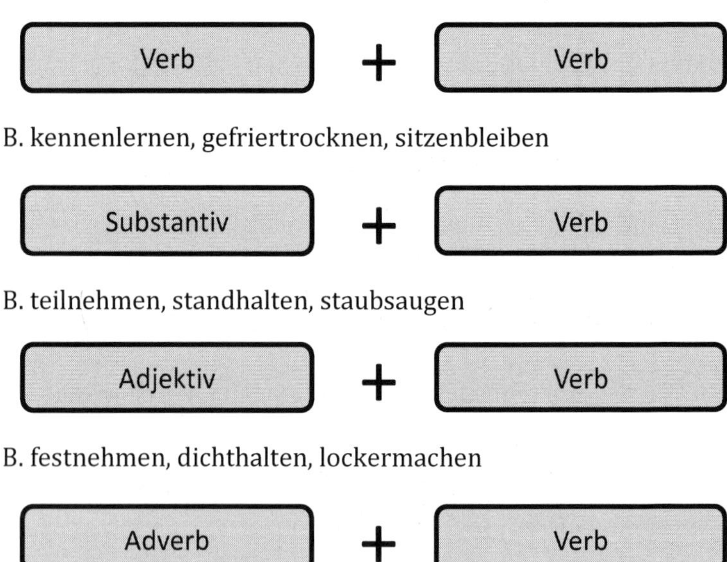

z. B. kennenlernen, gefriertrocknen, sitzenbleiben

z. B. teilnehmen, standhalten, staubsaugen

z. B. festnehmen, dichthalten, lockermachen

z. B. wegrennen, hinzufügen, wegschicken

Es können auch verbale Kompositionen mit anderen Wortarten gebildet werden, diese sind jedoch eher selten.

Zusammengesetzte Adjektive

Um eine adjektivische Komposition handelt es sich, wenn das Grundwort bzw. das letzte Glied ein Adjektiv ist. Bei dieser Wortkomposition entsteht aufgrund des Adjektivs als Grundwort auch immer ein Adjektiv. Folgende Kombinationen sind möglich:

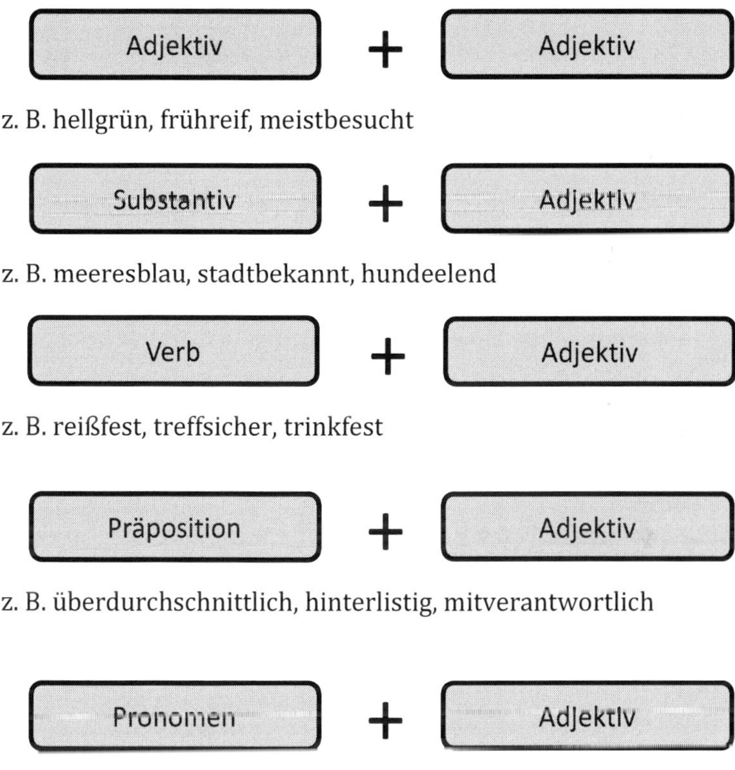

z. B. hellgrün, frühreif, meistbesucht

z. B. meeresblau, stadtbekannt, hundeelend

z. B. reißfest, treffsicher, trinkfest

z. B. überdurchschnittlich, hinterlistig, mitverantwortlich

z. B. ichbezogen, allgegenwärtig, selbstverliebt

Es können auch adjektivische Kompositionen mit anderen Wortarten gebildet werden, diese sind jedoch eher selten.

Ableitung

Im Unterschied zur Komposition wird bei der Ableitung, auch Derivation genannt, das Wort abgewandelt, indem eine Vorsilbe (Präfix) oder eine Endung (Suffix) hinzugefügt wird. Von einer inneren Ableitung spricht man, wenn sich das Wort im Inneren, also der Wortstamm, verändert.

Präfigierung

Die Präfigierung beschreibt das Anhängen eines Präfixes, also einer Vorsilbe, an einen Wortstamm. So entsteht häufig ein neues Wort mit einer mehr oder weniger neuen Bedeutung.

- schreiben -> verschreiben
- verständlich -> missverständlich

Das ist ebenfalls möglich mit einem gleichzeitigen Wortartenwechsel.

- suchen -> das Gesuch
- fahren -> die Abfahrt

Suffigierung

Die Suffigierung beschreibt das Anhängen eines Suffixes, also einer Endung, an einen Wortstamm. So entsteht häufig ein neues Wort mit einer mehr oder weniger neuen Bedeutung.

- der Bruder -> die Bruderschaft
- der Hund -> das Hundchen

Das ist ebenfalls möglich mit einem gleichzeitigen Wortartenwechsel.

- der Freund -> freundlich
- schön -> die Schönheit

Kombinierte Ableitung

Bei der kombinierten Ableitung werden sowohl ein Präfix (Vorsilbe) als auch ein Suffix (Endung) an einen Wortstamm angehängt, wodurch dieser verändert wird.

• wiederbringen	->	unwiederbringlich
• sicher	->	die Unsicherheit

Innere Ableitung

Bei der inneren Ableitung wird der Wortstamm, also das Wortinnere, verändert.

• brechen	->	der Bruch
• verbieten	->	das Verbot
• schreiten	->	der Schritt

Kurzformbildung

Wie der Name schon sagt, werden bei der Kurzformbildung lange Wörter verkürzt. Nimmt man es genau, so geht es bei der Kurzformbildung nicht um die Bildung neuer Wörter oder um einen Wortartenwechsel, es hat sich lediglich als effizient erwiesen, für längere Wörter eine kürzere Form zu verwenden, um Zeit zu sparen.

• das Automobil	->	das Auto
• das Television	->	das TV
• der Schiedsrichter	->	der Schiri
• der Akkumulator	->	der Akku

Die Kurzformbildung folgt keiner einheitlichen Regel. Es kann der Anfang eines Wortes für die Kurzform verwendet werden, aber genauso kann auch das Ende benutzt werden. Es können auch nur Buchstabenabkürzungen verwendet werden oder die Buchstaben setzen sich aus Anfang und Ende des Wortes zusammen.

WIE SICH WÖRTER VERÄNDERN

Alle Wörter können ihre Morphologie auf unterschiedliche Weise ändern. Um einen Satz funktionell und verständlich zu machen, müssen die einzelnen Wortarten an unterschiedliche Faktoren angepasst werden. So werden z. B. Substantive an die Anzahl und den Fall und Adjektive wiederum an das Substantiv angepasst, was als Deklination bezeichnet wird. Verben hingegen sind die einzigen Wörter, die an die Zeitform angepasst werden können, sodass sie Auskunft geben, wann etwas passiert. Zudem werden sie auch an das Subjektiv angepasst, dessen Aktion sie beschreiben, was als Konjugation bezeichnet wird. So hat jede Wortart seine individuelle Anpassung an bestimmte Faktoren, die im Folgenden näher beschrieben wird.

Flexion von Nomen

Flexion beschreibt die Anpassung von Substantiven aufgrund von drei unterschiedlichen Faktoren:

• Geschlecht (Genus)	->	der Lehrer, die Lehrerin
• Anzahl (Numerus)	->	der Hund, die Hunde
• Fall (Kasus)	->	der Sohn, des Sohnes

Geschlecht (Genus)

Einige Substantive, wie z. B. Berufe oder spezielle Fähigkeiten, sind grundsätzlich maskuline Substantive. Man kann diese allerdings an das Geschlecht anpassen, wenn man betonen möchte, dass es sich um eine Frau handelt, die einen bestimmten Beruf oder eine Fähigkeit ausübt. Dies geschieht durch das Anfügen der Endung „in" und die Veränderung des Artikels in „die":

der Tänzer	->	die Tänzerin
der Maler	->	die Malerin
der Handballspieler	->	die Handballspielerin

Anzahl (Numerus)

Die Anzahl oder auch der Numerus von Substantiven kann variieren. Stehen Substantive im Singular, kommen diese nur einmal vor. Substantive, die im Plural stehen, kommen mehrfach vor. Verändert man die Anzahl, so ändert sich nicht nur die Endung der Substantive, sondern auch der Artikel.

	Singular		Plural	
Genus	Artikel	Substantiv	Artikel	Substantiv
Maskulinum	**der**	Schuh	*die*	Schuhe
Femininum	*die*	Frau	*die*	Frauen
Neutrum	das	Tier	*die*	Tiere

Die beiden Artikel „der“ und „das“ werden im Plural zu „die“ geändert, die Endung der Substantive ändert sich ebenfalls. Bei femininen Substantiven wird der Artikel nicht geändert. Hier ändert sich lediglich die Endung der Substantive. Die Endungen der Substantive im Plural sind uneinheitlich geregelt und müssen daher mitgelernt werden.

Fall (Kasus)

Die letzte Anpassung, die man bei Substantiven beachten muss, ist die Anpassung an den Fall oder Kasus, in dem das Substantiv innerhalb eines Satzes steht. In der deutschen Sprache gibt es vier Fälle, Nominativ, Genitiv, Dativ und Akkusativ. Um herauszufinden, in welchem Fall ein Substantiv steht, kann man eine Frageprobe anwenden.

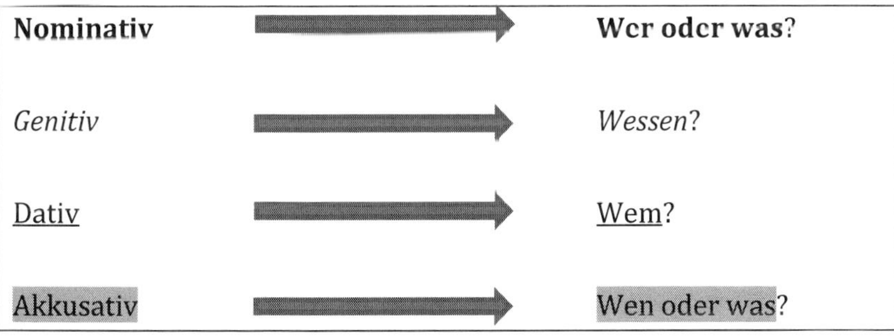

Stellt man in folgendem Beispielsatz die vier Frageproben, kann man herausfinden, in welchem Fall das Substantiv steht:

Das Kind (Nominativ)
findet
die Hundemarke (Akkusativ)
des Dackels (Genitiv)
und gibt sie
dem Besitzer (Dativ)
zurück.

Man unterscheidet beim Anpassen der Substantive an den Fall zwischen der schwachen und starken Deklination. Manche Substantive enden im Genitiv, Dativ und Akkusativ auf „-en" und folgen damit der n- oder schwachen Deklination:

Kasus	Singular	Plural
Nominativ	**der Hase**	**die Hasen**
Genitiv	***des Hasen***	***der Hasen***
Dativ	**dem Hasen**	**den Hasen**
Akkusativ	**den Hasen**	**die Hasen**

Die schwache Deklination ist recht einfach, da das Subjekt in allen Fällen mit der gleichen Endung endet. Bei der starken Deklination ist das anders. Hier sind die Endungen unregelmäßig und müssen gelernt werden.

	maskulin		feminin		neutral	
Kasus	Singular	Plural	Singular	Plural	Singular	Plural
Nominativ	**der Mann**	**die Männer**	**die Maus**	**die Mäuse**	**das Kind**	**die Kinder**
Genitiv	**des Mannes**	**der Männer**	**der Maus**	**der Mäuse**	**des Kindes**	**der Kinder**
Dativ	**dem Mann**	**den Männern**	**der Maus**	**den Mäusen**	**dem Kind**	**den Kindern**
Akkusativ	**den Mann**	**die Männer**	**die Maus**	**die Mäuse**	**das Kind**	**die Kinder**

Weitere Informationen zu den Fällen finden Sie in Kapitel „Die vier Fälle – der Kasus“

Übung 10

Passen Sie die Nomen und ihre Artikel entsprechend den Vorgaben an (Lösung s. Kapitel „Lösungen“).

Nomen	Vorgabe (Anzahl/Fall)	Flexion
das Kind	Plural/Nominativ	
der Schuh	Singular/Genitiv	
der Schal	Singular/Akkusativ	
die Kartoffel	Singular/Dativ	
das Glas	Plural/Nominativ	
die Pflanze	Plural/Akkusativ	
das Huhn	Singular/Dativ	
die Frau	Plural/Dativ	
das Sofa	Singular/Genitiv	
der Baum	Singular/Akkusativ	

Konjugation von Verben

Substantive sind nicht die einzige Wortart, die verändert. Wie bereits in dem Kapitel „Verben“ beschrieben, müssen auch diese an unterschiedliche grammatikalische Eigenschaften angepasst werden. Man bezeichnet das als Konjugation. Verben werden an die Person (das Substantiv), die Anzahl (Singular oder Plural), die Zeitform (Gegenwart, Vergangenheit, Zukunft) und die Aussageart (wahr oder unwahr) angepasst. Diese bezeichnet man als die finiten oder veränderbaren Verbformen. Verben können aber ebenfalls Formen annehmen, in denen sie nicht veränderbar sind. Diese werden dann als infinite oder unveränderbare Verbformen bezeichnet. Die bekannteste infinite Verbform ist der Infinitiv, also die Grundform der Verben. Im Folgenden wird genauer auf die finiten Verbformen eingegangen.

Personalform

Die Personalform gibt Auskunft über das Subjekt des Satzes, also die Personen, Tiere oder Dinge, die die vom Verb beschriebene Handlung ausführen. Hierzu muss das Verb an das Subjekt des Satzes angepasst werden.

Im Deutschen gibt es drei Personen, die in der Einzahl (Singular) oder in der Mehrzahl (Plural) stehen können. Mit der 1. Person Singular meint man sich selbst (ich), mit der 1. Person Plural ist man selbst und mindestens eine weitere Person gemeint (wir). Die 2. Person Singular ist die angesprochene Person, meist handelt es sich um Personen, zu denen man ein familiäres oder freundschaftliches Verhältnis hat (du). Die 2. Person Plural verwendet man, wenn zwei oder mehr Gesprächspartner angesprochen werden (ihr). Die 3. Person Singular benutzt man, wenn man über Personen oder Dinge spricht (er, sie, es). Diese werden unterschieden in Maskulinum (er), Femininum (sie) und Neutrum (es). Die 3. Person Plural wird verwendet, wenn man über mehrere Personen oder Dinge spricht (sie). In der folgenden Tabelle sind die Personen mit der entsprechenden Verbform dargestellt.

	Singular	Plural
1. Person	ich renne	wir rennen
2. Person	du rennst	ihr rennt
3. Person	er, sie, es rennt	sie rennen

Man erkennt die Personalform des Verbs am Subjekt des Satzes. Das kann zum einen ein Pronomen sein, zum anderen ein Substantiv, das im Nominativ steht. Wie in der Tabelle zu sehen ist, verändert sich das Verb je nach Person und Anzahl, indem eine bestimmte Endung angehängt wird.

Man unterscheidet zwei unterschiedliche Verbformen, die sogenannten regelmäßigen und unregelmäßigen Verben, die sich in ihrer Konjugation unterscheiden. Regelmäßige Verben folgen bei der Konjugation immer dem gleichen Muster und werden demnach immer auf die gleiche Art konjugiert. Im Gegensatz dazu gibt es auch unregelmäßige Verben. Sie folgen keiner speziellen Regel und müssen demnach auswendig gelernt werden.

Konjugation regelmäßiger Verben

Regelmäßige Verben werden alle nach dem gleichen Muster konjugiert. Dementsprechend werden den Verbformen in den unterschiedlichen Personen auch immer die gleichen Endungen angehängt. Die folgende Übersicht zeigt die Personalendungen:

	Infinitiv	spielen	gehen	lernen	parken
Singular	ich	spiele	gehe	lerne	parke
	du	spielst	gehst	lernst	parkst
	er, sie, es	spielt	geht	lernt	parkt
Plural	wir	spielen	gehen	lernen	parken
	ihr	spielt	geht	lernt	parkt
	sie	spielen	gehen	lernen	parken

Auch bei der Konjugation regelmäßiger Verben gibt es bei manchen Verben Besonderheiten. Einige Verbstämme enden mit den Buchstaben -t, -d, -m oder -n. Bei diesen Verben wird ein zusätzliches -e bei der 2. und 3. Person Singular sowie der 2. Person Plural hinzugefügt. Das hat allem voran mit der leichteren Aussprache der Verbform zu tun.

	Infinitiv	bitten	finden	öffnen	zeichnen
Singular	ich	bitte	finde	öffne	zeichne
	du	bittest	findest	öffnest	zeichnest
	er, sie, es	bittet	findet	öffnet	zeichnet
Plural	wir	bitten	finden	öffnen	zeichnen
	ihr	bittet	findet	öffnet	zeichnet
	sie	bitten	finden	öffnen	zeichnen

Folgende Verben gehören dieser Gruppe an:

antworten, arbeiten, atmen, begegnen, beobachten, bilden, bitten, finden, gründen, heiraten, mieten, öffnen, rechnen, reden, retten, trocknen, warten, zeichnen

Nicht so häufig enden Verben mit -s, -z, -ß oder -y. Konjugiert man diese Verben, wird bei der 2. Person Singular kein zusätzliches -s angehängt. Das hat allem voran mit der leichteren Aussprache der Verbform zu tun.

	Infinitiv	heißen	sitzen	reisen
Singular	**ich**	**heiße**	**sitze**	**reise**
	du	**heiß( )t**	**sitz( )t**	**reis( )t**
	er, sie, es	**heißt**	**sitzt**	**reist**
Plural	**wir**	**heißen**	**sitzen**	**reisen**
	ihr	**heißt**	**sitzt**	**reist**
	sie	**heißen**	**sitzen**	**reisen**

Folgende Verben gehören dieser Gruppe an:

beweisen, heißen, heizen, mixen, reisen, reißen, reizen, setzen, sitzen

Einige Verben enden im Infinitiv nicht auf -en, sondern nur mit einem -n. Endet der Verbstamm zusätzlich mit einem -l, so wird in der 1. Person Singular auf das -e des Verbstammes verzichtet.

	Infinitiv	klingeln	sammeln
Singular	ich	kling( )le	samm( )le
	du	klingelst	sammelst
	er, sie, es	klingelt	sammelt
Plural	wir	klingeln	sammeln
	ihr	klingelt	sammelt
	sie	klingeln	sammeln

Folgende Verben gehören dieser Gruppe an:

googlen, lächeln, klingeln, sammeln

Konjugation unregelmäßiger Verben

In der deutschen Sprache gibt es ca. 200 unregelmäßige Verben. Ein Verb wird dann als unregelmäßig bezeichnet, wenn es nicht nach den grammatischen Regeln konjugiert wird. Diese Verben haben oft Besonderheiten und unterscheiden sich bei der Konjugation von ihrem Verbstamm. Diese Verben folgen keiner Regel und müssen demnach auswendig gelernt werden. Folgende Dinge sollten beim Konjugieren der unregelmäßigen Verben beachtet werden:

1) Vokale, Umlaute und Zwielaute können sich bei der Konjugation unregelmäßiger Verben im Wortstamm verändern

2) Auch Vergangenheitsformen der unregelmäßigen Verben stellen eine Ausnahme der Regel dar (dazu mehr im Kapitel „Zeitformen")

3) Manche unregelmäßigen Verben haben in der konjugierten Form nichts mehr mit dem Wortstamm gemein

Dennoch gibt es auch hier Gruppen, die den gleichen Konjugationsregeln folgen:

Es gibt z. B. einige unregelmäßige Verben, bei denen in der 2. und 3. Person Singular das e des Wortstammes in ein i umgewandelt wird.

	Infinitiv	nehmen	vergessen	werfen	treten
Singular	ich	nehme	vergesse	werfe	trete
	du	nimmst	vergisst	wirfst	trittst
	er, sie, es	nimmt	vergisst	wirft	tritt
Plural	wir	nehmen	vergessen	werfen	treten
	ihr	nehmt	vergesst	werft	tretet
	sie	nehmen	vergessen	werfen	treten

Folgende Verben gehören dieser Gruppe an:

brechen, erschrecken, essen, fressen, geben, gelten, helfen, messen, nehmen, quellen, schmelzen, sprechen, stechen, sterben, treffen, treten, verderben, vergessen, werfen

Zudem gibt es eine Gruppe unregelmäßiger Verben, bei denen in der 2. und 3. Person Singular das -e des Wortstammes in ein -ie umgewandelt wird.

	Infinitiv	lesen	sehen
Singular	ich	lese	sehe
	du	liest	siehst
	er, sie, es	liest	sieht
Plural	wir	lesen	sehen
	ihr	lest	seht
	sie	lesen	sehen

Folgende Verben gehören dieser Gruppe an:

befehlen, empfehlen, geschehen, lesen, sehen, stehlen

Dann gibt es eine Gruppe von unregelmäßigen Verben, bei denen in der 2. und 3. Person Singular das -a des Wortstammes in ein -ä umgewandelt wird.

	Infinitiv	fahren	tragen	waschen
Singular	ich	fahre	trage	wasche
	du	fährst	trägst	wäschst
	er, sie, es	fährt	trägt	wäscht
Plural	wir	fahren	tragen	waschen
	ihr	fahrt	tragt	wascht
	sie	fahren	tragen	waschen

Folgende Verben gehören dieser Gruppe an:

backen, blasen, fahren, fangen, graben, halten, laden, lassen, schlafen, schlagen, tragen, wachsen, waschen

Es gibt aber auch unregelmäßige Verben, die sich in keine Gruppe einordnen lassen und keiner einheitlichen Regel folgen. In der folgenden Tabelle sind die häufigsten und wichtigsten unregelmäßigen Verben konjugiert. Da diese Verben zum Bilden von Zeitformen verwendet werden, sind sie enorm wichtig.

	Infinitiv	sein	haben	werden
Singular	ich	bin	habe	werde
	du	bist	hast	wirst
	er, sie, es	ist	hat	wird
Plural	wir	sind	haben	werden
	ihr	seid	habt	werdet
	sie	sind	haben	werden

Zeitform

Die Zeitform des Verbs sagt aus, wann etwas passiert. Die Handlung kann in der Vergangenheit, Gegenwart oder Zukunft liegen. Dies hat eine wichtige Bedeutung für den Satz. Es macht einen großen Unterschied für die weitere Kommunikation, ob man sagt, „Ich schaue grade einen Film", oder, „Ich habe einen Film geschaut".

Die Bildung und Verwendung der richtigen Zeitformen wird genauer im Kapitel „Zeitformen" beschrieben.

Aussageform

Ohne die Aussageform des Verbs wüsste man nicht, ob die Wirklichkeit dargestellt wird. Sagt man z. B. „Ich habe den Film gesehen", heißt das, dass man sich den Wunsch erfüllt hat, den Film anzuschauen. Man spricht in diesem Fall vom Indikativ. Dieser ist dazu da, um die Wirklichkeit darzustellen. Sagt man hingegen „Ich hätte den Film gerne gesehen", bedeutet das, dass man seine Chance verpasst hat. Diese Verbform bezeichnet man als Konjunktiv. Dieser beschreibt Wünsche, Möglichkeiten und nicht Umsetzbares, also nicht die Wirklichkeit. Eine dritte Aussageform ist der Imperativ, der Befehle ausdrückt. So kann man mithilfe der Verbform die Aussage des Satzes komplett verändern.

Indikativ

Mit dem Indikativ werden Zustände oder die Wirklichkeit ausgedrückt. Deshalb wird diese Aussageform der Verben auch Normalmodus, Modus der Wirklichkeit oder Wirklichkeitsform genannt. Mit dem Indikativ werden Zustände ausgedrückt, die Teil der Realität sind. Der Indikativ wird von allen Aussageformen im Deutschen am häufigsten verwendet. Der Indikativ wird für folgende Szenarien genutzt:

1) **Wahre Zustände**
   z. B. Der Hund des Nachbarn ist sehr nett.

2) **Ausgedachte Zustände**
   z. B. Das Einhorn hat silbernes Fell.

3) **Mögliche Zustände**
   z. B. Wenn ich jetzt meine Hausaufgaben erledige, kann ich später spielen.

4) **Allgemeingültige Zustände**
   z. B. Der Baum ist grün und betreibt Photosynthese.

Der Indikativ kann im aktiv und im passiv verwendet werden. Dazu mehr in dem Kapitel „Aktiv und Passiv".

Konjunktiv

Der Konjunktiv ist das Gegenstück zum Indikativ. Bildet man den Konjunktiv, so drückt man nicht die Realität aus. Vorwiegend werden mit dem Konjunktiv II Wünsche, Träume, Phantasien und Vorstellungen ausgedrückt, also irreale Dinge. Der Konjunktiv I wird primär bei der indirekten Rede verwendet und deshalb auch erst im Kapitel „Satzarten" näher behandelt. Auch für die Bildung des Konjunktiv II bedarf es der Kenntnis der Zeitformen der Verben, deshalb wird der Konjunktiv in einem späteren Kapitel, nach der Erklärung der Zeitformen, genauer behandelt.

Imperativ

Der dritte Modus der Verben im Deutschen ist der Imperativ, auch Befehlsform genannt. Mit dieser Aussageform drückt man, wie der Name schon sagt, Befehle aus. Mit dem Imperativ werden die Personen immer direkt angesprochen, deshalb kann dieser nur in der 2. Person Singular und Plural sowie in der Höflichkeitsform „Sie" (3. Person Plural) verwendet werden. Benutzt man den Imperativ in der 2. Person Singular und Plural, gibt es in dem Satz kein Subjekt. Benutzt man allerdings den Imperativ in der Höflichkeitsform (3. Person Plural), so gibt es in dem Satz auch ein Subjekt. Zum besseren Verständnis finden Sie im Folgenden ein Beispiel.

> Der Imperativ steht immer am Anfang des Satzes.

z. B. Reich mir bitte die Butter.
(2. Person Singular)

z. B. Reichen Sie mir bitte die Butter.
(Höflichkeitsform, 3. Person Plural)

In dem Beispiel würde man den ersten Satz zu einem Freund oder einem Familienmitglied sagen. Der Satz hat kein Subjekt. Den zweiten Satz würde man beispielsweise zu einem Lehrer oder einer anderen Autoritätsperson oder einer Person, die man nicht gut kennt, sagen. In diesem Satz ist die Höflichkeitsform „Sie" das Subjekt.

Der Imperativ wird allerdings nicht nur für Befehle verwendet:

1) **Befehle**
   z. B. Gib mir bitte die Schaufel.

2) **Anleitungen und Anweisungen**
   z. B. Lesen Sie zunächst die Anleitung genau durch.

3) **Bitten**
   z. B. Lauf bitte nicht zu weit voraus, es ist viel Verkehr.

4) **Ratschläge**
   z. B. Probier doch mal die Kartoffeln, sie schmecken gut.

5) **Verbote**
   z. B. Füttern Sie nicht die Tiere.

6) **Warnungen**
   z. B. Pass auf dich auf.

Im Folgenden finden Sie einige Beispielsätze, um die Bildung des Imperativs zu verdeutlichen:

Infinitiv	du	ihr	sie
lernen	Lern Englisch	Lernt Englisch	Lernen Sie Englisch
schwimmen	Schwimm schneller	Schwimmt schneller	Schwimmen Sie schneller
machen	Mach doch	Macht doch	Machen Sie doch
holen	Hol den Hund	Holt den Hund	Holen Sie den Hund
ausruhen	Ruh dich aus	Ruht euch aus	Ruhen Sie sich aus
abbiegen	Bieg doch ab	Biegt doch ab	Biegen Sie doch ab

Man kann in der Tabelle sehen, dass die Bildung des Imperativs von regelmäßigen Verben immer der gleichen Regel folgt. In der 2. Person Singular verwendet man einfach den Verbstamm, in der 2. Person Plural wird diesem noch ein -t angehängt und in der Höflichkeitsform (3.

Person Plural) verwendet man den Infinitiv und fügt das Subjekt „Sie“ hinzu. Bei den unteren zwei Beispielen handelt es sich um trennbare Verben. Man kann sehen, dass diese im Imperativ auch immer getrennt werden.

Wie bei der Konjugation von Verben bereits beschrieben, gibt es auch bei der Bildung des Imperativs Besonderheiten. Genau wie bei der Konjugation findet auch bei einigen Verben in der 2. Person Singular ein Vokalwechsel von -e nach -i oder -ie statt. Genau wie bei den regelmäßigen Verben wird bei Verbstämmen die auf -t, -d, -m und -n enden, ein zusätzliches e sowohl bei der 2. Person Singular als auch bei der 2. Person Plural hinzugefügt.

Infinitiv	du	ihr	sie
arbeiten	Arbeite schneller	Arbeitet schneller	Arbeiten Sie schneller
retten	Rette den Hund	Rettet den Hund	Retten Sie den Hund
finden	Finde sie	Findet sie	Finden Sie sie
essen	Iss dein Gemüse	Esst euer Gemüse	Essen Sie Ihr Gemüse
geben	Gib nicht auf	Gebt nicht auf	Geben Sie nicht auf
lesen	Lies vor	Lest vor	Lesen Sie vor
sehen	Sieh doch	Seht doch	Sehen Sie doch

Übung 11

Konjugieren Sie die folgenden Verben. Überlegen Sie, ob es sich dabei um regelmäßige oder unregelmäßige Verben handelt (Lösung s. Kapitel „Lösungen“).

	Infinitiv	rennen	wissen	beweisen	lächeln
Singular	ich				
	du				
	er, sie, es				
Plural	wir				
	ihr				
	sie				

	Infinitiv	malen	schlafen	warten	helfen
Singular	ich				
	du				
	er, sie, es				
Plural	wir				
	ihr				
	sie				

Steigerung von Adjektiven

Das Besondere an Adjektiven ist, dass man sie steigern kann. Es gibt drei Steigerungsformen. Wie bereits beschrieben, werden Adjektive benutzt, um Lebewesen, Dinge oder Zustände zu beschreiben. Dafür benutzt man die Grundform, auch Positiv genannt.

z. B. Das Kind ist schlau.

Steigert man ein Adjektiv, so tut man dies meist, um Sachen zu vergleichen. Die erste Steigerungsform nennt man den Komparativ. Mit ihm wird ausgedrückt, dass zwei Dinge ungleich sind.

z. B. Das Kind ist schlauer als der Hund.

Die zweite Steigerungsform bezeichnet man als Superlativ. Dieser wird benutzt, um zu zeigen, dass etwas die höchste Eigenschaft im Vergleich zu mehreren anderen Dingen hat.

z. B. Die Frau ist am schlausten.

Dieses Beispiel zeigt, dass die Frau im Vergleich zu dem Hund und dem Kind am schlausten ist.

Die Steigerungsformen werden wie folgt gebildet:

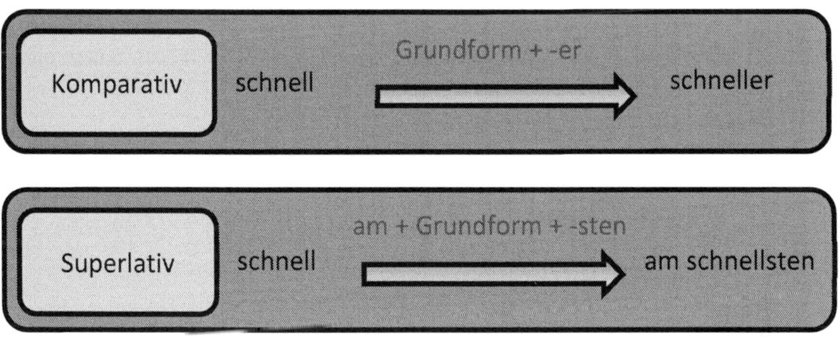

Endet die Grundform des Adjektivs auf -d, -t, -tz, -z, -s, -ß oder -sch, muss vor die Endung des Superlativs ein zusätzliches -e gesetzt werden. Dies dient vor allem der besseren Aussprache.

z. B. am stolzesten, am hübschesten

Es gibt zudem eine weitere Besonderheit bei der Steigerung von Adjektiven. Kommen in der Grundform von einsilbigen Adjektiven die Vokale a, o und u vor, so werden diese bei der Bildung der beiden Steigerungsformen zu den Umlauten ä, ö und ü.

z. B. alt	älter	am ältesten

Zudem gibt es Adjektive, die unregelmäßig gesteigert werden und keiner Regel folgen. Diese haben dann oft mit der Grundform des Adjektivs nichts mehr gemeinsam. Dazu zählen z. B. gut, gerne oder viel.

Positiv	Komparativ	Superlativ
gut	besser	am besten
gerne	lieber	am liebsten
viel	mehr	am meisten

Außerdem gibt es sogenannte absolute Adjektive. Diese Adjektive sind nicht steigerbar, da sie bereits die höchste Steigerungsstufe darstellen.

fertig, einzig, mündlich, ganz, leer, gleich, lebendig, lauwarm, minimal etc.

Übung 12

Steigern Sie die folgenden Adjektive (Lösung s. Kapitel „Lösungen"):

Positiv	Komparativ	Superlativ
schön		
klug		
langsam		
toll		
weiß		
rot		
gut		
dunkel		
viel		

WER, WAS & WIE VIELE?

Als Numerus bezeichnet man in der deutschen Grammatik eine Zählform, die Mengenangaben ausdrückt. So lässt sich durch die Form eines Wortes die Anzahl, die das Wort beschreibt, erkennen. Im Folgenden ein Beispiel:

das Haus -> die Häuser

In dem Beispiel kann man sehen, dass man nur durch die Form des Wortes „Haus" erkennen kann, dass es sich nur um ein Haus handelt. Verwendet man die Form „Häuser", ist klar, dass von mehreren Häusern die Rede ist.

Im Deutschen gibt es also die Einzahl, auch als Singular bezeichnet, und den Plural, der auch Mehrzahl genannt wird. Folgende Wortarten werden an die Anzahl, also den Numerus, angepasst:

- Substantive: der Hund (Singular), die Hunde (Plural)
- Verben: ich renne (Singular), wir rennen (Plural)
- Pronomen: ich renne (Singular), wir rennen (Plural)
- Adjektive: die schöne Frau (Singular), die schönen Frauen (Plural)
- Artikel: der Hund (Singular), die Hunde (Plural)

Die meisten Wörter können im Singular und im Plural vorkommen.

Singular

Der Singular beschreibt im Deutschen die Einzahl, also wenn etwas nur einmal vorkommt. In der Regel können die meisten Wörter sowohl im Singular als auch im Plural vorkommen. Allerdings gibt es hier einige Ausnahmen an Wörtern, die nur im Singular vorkommen. Man bezeichnet diese als Singularetantum. Hierbei handelt es sich um Substantive, die in der Mehrzahl nicht vorkommen können, oder auch um abstrakte Dinge.

z. B. die Geduld, der Glaube, das Glück, der Lärm, das Alter

Plural

Stehen Wörter im Plural, so kommen sie mehr als einmal vor. Man nennt den Plural deshalb auch Mehrzahl.

Die Bildung des Plurals bei Substantiven

Häufig müssen bei Substantiven nur die Endungen verändert werden. Allerdings lässt sich keine allgemeingültige Regel festlegen, welchen Substantiven welche Endungen angehängt werden. Folgende Endungen geben den Plural an:

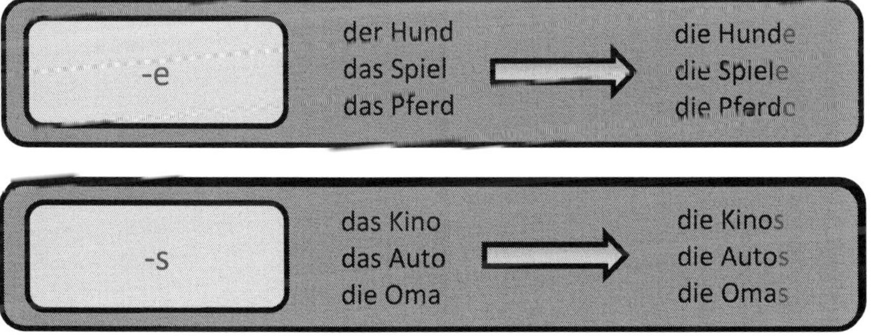

Vorsicht! Manchmal ändert sich auch der Wortstamm, wenn sich in diesem ein Vokal wie a, u oder o befindet. Diese werden dann in Umlaute (ä, ü und ö) geändert.

z. B. der Baum -> die Bäume

z. B. das Buch -> die Bücher

Genau wie Singularetantum gibt es auch Pluraletantum, also Substantive, die nur in der Mehrzahl vorkommen. Meist impliziert das Wort bereits, dass es sich um mehrere handelt.

z. B. die Ferien, die Geschwister, die Eltern, die Leute

Übung 13

Bilden Sie, je nachdem, wie vorgegeben, Singular oder Plural. Vergessen Sie nicht, auch die Artikel oder Adjektive anzupassen (Lösungen s. Kapitel „Lösungen"):

Singular	Plural
	die Stifte
die Socke	
das schöne Haus	
	die schnellen Tiere
das Glas	
	die Schüler
	die bunten Tassen
der Himmel	
die Schule	

SILBEN- UND WORTTRENNUNG

Manchmal müssen Wörter getrennt werden. Ist z. B. die Zeile zu Ende oder der Platz reicht nicht, um ein Wort komplett auszuschreiben, so müssen die Wörter mit einem Bindestrich getrennt und in der nächsten Zeile weitergeschrieben werden. Man kann nicht nur nach Wörtern trennen, sondern man kann auch die Wörter selbst in ihre Bausteine zerlegen. Diese nennt man Silben. Allerdings kann man diese nicht an beliebigen Stellen trennen, sondern dafür gibt es spezielle Regeln, die im Folgenden genauer erläutert werden.

Es gibt einsilbige und mehrsilbige Wörter. Im Folgenden einige Beispiele für einsilbige Wörter:

z. B. Burg, Haus, Kind, Mond, Frau

Im Folgenden einige Beispiele für mehrsilbige Wörter, aufgetrennt in ihre Silben:

z. B. Kö-nig, Fahr-rad, Ses-sel, Körb-chen

In den Beispielen fällt auf, dass jede Silbe einen Vokal (a, e, i, o, u) oder einen Umlaut (ä, ü, ö) enthält. Diese nennt man auch den Silbenkern. Jede Silbe muss also einen Vokal, einen Umlaut oder aber auch einen Zwielaut (ai, ei, au, äu, eu) enthalten. Alle anderen Buchstaben des Alphabets (Konsonanten) in der Silbe umschließen den Kern.

z. B. **Ti-ger**

In dem Wort Tiger sind die beiden Silben unterschiedlich lang. Die erste Silbe „Ti" endet auf einen Vokal, das „i". Diese Art von Silben nennt man offene Silben. In der zweiten Silbe „ger" wird der Vokal umschlossen. Solche Silben bezeichnet man als geschlossene Silben. Kennt man die unterschiedlichen Arten von Silben, so kann das dabei helfen, unbekannte Wörter zu trennen.

Es gibt zudem einige Trennungsregeln, die helfen, die Wörter richtig zu trennen. Je nachdem, ob ein einfaches Wort, wie z. B. Mond, oder ein zusammengesetztes Wort, wie z. B. Mondlicht, getrennt werden soll, müssen unterschiedliche Regeln betrachtet werden.

Einsilbige Wörter dürfen nach der deutschen Rechtschreibregel nicht getrennt werden. Es ist wichtig, dass die Vokale, also der Silbenkern, nie alleine steht. Vokale, Umlaute und Zwielaute, die den Silbenkern bilden, brauchen immer Konsonanten um sich herum. Auch Wörter, bei denen eine Trennung möglich erscheint, wie z. B. Abend oder Ofen, dürfen nicht getrennt werden, da sonst der Vokal alleine vor oder hinter dem Bindestrich stehen würde. Auch dies ist nach der deutschen Rechtschreibregel nicht erlaubt. Ein Zwielaut wird zudem nie getrennt, die beiden Buchstaben müssen immer zusammen bleiben. Das Gleiche gilt auch für die Buchstabenkombinationen „ch, sch und ck". Auch diese dürfen nicht auseinandergerissen werden.

Bei mehrsilbigen Wörtern ist es so, dass, wenn sich nur ein Konsonant in der Mitte des Wortes befindet, dieser immer in die neue Silbe kommt.

z. B. tra-gen, fra-gen, Schau-kel, ma-len, Lei-ne

Befinden sich mehrere Konsonanten in der Mitte des Wortes, so kommt der letzte Konsonant in die neue Silbe.

z. B. dun-kel, Bil-der, Kin-der

Dabei gilt es, zu beachten, dass, wenn ein ts oder tz in der Mitte des Wortes vorkommt, diese Laute immer getrennt werden.

z. B. Kat-ze, bes-tens, Schät-ze

Das Gleiche gilt auch für doppelte Konsonanten, auch diese dürfen nicht zusammen bleiben.

z. B. Pup-pe, Sup-pe, Som-mer, Son-ne

Bei zusammengesetzten Wörtern ist zusätzlich noch darauf zu achten, dass man sinnvoll trennt. Hat man das zusammengesetzte Wort „Hundehütte“, ist die folgende Trennung nach Silben zwar korrekt, aber wenig sinnvoll: „~~**Hun-dehütte**~~“.

Deshalb sollte man bei zusammengesetzten Wörtern auch immer darauf achten, dass die Trennung Sinn ergibt und nicht das Lesen erschwert. In dem Fall wäre es dann „**Hunde-hütte**“.

Übung 14

Trennen Sie die folgenden Wörter nach ihren Silben:

Schuhkarton	
Sammelbehälter	
Tür	
Schwein	
sammeln	
Tomate	
Schnürsenkel	
Computer	
Sonnencreme	
packen	
platzen	
Klingel	

Die vier Fälle - der Kasus

DIE FÄLLE IN DER DEUTSCHEN GRAMMATIK

Wie viele Fälle eine Sprache hat, kann sehr stark variieren und auch etwas über den Schwierigkeitsgrad einer Sprache aussagen. So gibt es in der englischen Sprache beispielsweise keine Fälle. Im Finnischen hingegen gibt es sage und schreibe 15 Fälle. Die deutsche Sprache ist mit vier Fällen im Mittelfeld gelandet. Doch was genau ist ein Kasus oder auch ein Fall? Und wie kann man mit den unterschiedlichen Fällen die Beziehung verschiedener Substantive in einem Satz ausdrücken? Das und viele weitere Fragen werden in den folgenden Kapiteln beantwortet.

BEUGUNG VON NOMEN - DIE DEKLINATION

Im Deutschen gibt es vier Fälle, den Nominativ, den Genitiv, den Dativ und den Akkusativ. Ohne die Fälle wären Sätze nicht verständlich, da sie die Beziehung zwischen unterschiedlichen Satzgliedern ausdrücken. Substantive, ihre Begleiter (Artikel und Adjektive) sowie ihre Stellvertreter, die Pronomen, können in den Fällen stehen. Diese müssen also entsprechend der Fälle dekliniert werden. Um zu zeigen, wie ein Satz ohne die Fälle aussehen würde:

Die Frau gibt der Mann das Spielzeug das Kind mit.

Man kann an dem Beispiel erkennen, dass dieser Satz ohne die Anpassung an die Fälle überhaupt keinen Sinn ergibt. Im Folgenden der Satz mit den Fällen angepassten Satzgliedern:

Die Frau gibt dem Mann das Spielzeug des Kindes mit.

An diesem Satz kann man sehen, wie wichtig es ist, die Satzglieder entsprechend ihren Fällen anzupassen, da nur so die Beziehung zwischen den einzelnen Satzgliedern klar wird. Die folgenden Kapitel beschäftigen sich mit den vier Fällen und allem, was man dazu wissen muss.

Nominativ

Der Nominativ ist der 1. Fall im Deutschen und wird auch als Wer-Fall bezeichnet. Er gibt an, in welcher Beziehung das Substantiv zu anderen Elementen des Satzes, den Satzgliedern, steht. Der Nominativ beschreibt das Subjekt des Satzes, also die Person oder die Sache, die handelt. Am häufigsten stehen Substantive im Nominativ, aber auch Pronomen können im Nominativ stehen. Wie bereits in den vorherigen Kapiteln erwähnt, müssen diese dekliniert werden. Um herauszufinden, ob ein Satzglied im Nominativ steht, müssen Sie das entsprechende Fragewort kennen:

In einem Satz steht das Subjekt immer im Nominativ

Nominativ: Wer oder was?

In dem Fragewort steht „wer?" für die Person, die etwas tut, mit „was?" wird nach einer Sache gefragt, die in dem Satz gemeint ist. Stellt man in folgendem Beispielsatz die Frageprobe: „**Wer oder was** findet die Hundemarke?", kann man herausfinden, in welchem Fall das Substantiv steht.

z. B. **Das Kind** findet die Hundemarke des Dackels und gibt sie dem Besitzer zurück.

Die Antwort lautet das Kind. Das Kind steht also im Nominativ. An dem Beispiel kann man sehen, dass immer das handelnde Substantiv im Nominativ steht (Das Kind tut etwas). Das Substantiv kann im Singular oder Plural stehen. Wie bereits erwähnt, muss das Subjekt und seine Begleiter, wenn es nun im Satz identifiziert wurde, auch entsprechend an den Fall angepasst werden. Wie die Artikel und Adjektive an das Subjekt im Nominativ angepasst werden, ist der folgenden Tabelle zu entnehmen.

Anzahl	Singular			Plural
Geschlecht	maskulin	feminin	neutral	
bestimmter Artikel	**der grüne Baum**	**die süße Frucht**	**das kluge Kind**	**die schnellen Pferde**
unbestimmter Artikel	**ein grüner Baum**	**eine süße Frucht**	**ein kluges Kind**	**schnelle Pferde**

Schaut man sich die Beispiele in der Tabelle an, so fällt auf, dass die Substantive in der Einzahl (Singular) keine Endung haben, in der Mehrzahl (Plural) aber schon. Zudem muss man sich merken, dass die unbestimmten Artikel eine Änderung der Adjektive zur Folge haben. Bei maskulinen Substantiven wird im Nominativ mit unbestimmtem Artikel ein -er angehängt, bei neutralen Substantiven ein -es. Einen unbestimmten Artikel im Plural gibt es nicht. Wie bereits erwähnt, können aber auch Pronomen im Nominativ stehen, auch diese müssen an Fall, Anzahl und Geschlecht angepasst werden. In der folgenden Tabelle ist dargestellt, wie sich die Possessivpronomen im Nominativ verändern.

Anzahl	Singular			Plural
Geschlecht	maskulin	feminin	neutral	
ich	mein	meine	mein	meine
du	dein	deine	dein	deine
er, sie, es	sein, ihr, sein	seine, ihre, seine	sein, ihr, sein	seine, ihre, seine
wir	unser	unsere	unser	unsere
ihr	euer	eure	euer	eure
sie	ihr	ihre	ihr	ihre

Anhand der Tabelle kann man sehen, dass die Possessivpronomen von maskulinen und neutralen Substantiven sowie von femininen Substantiven und Substantiven im Plural gleich sind.

Übung 15

Bestimmen Sie das Satzglied, welches im Nominativ steht (Lösung s. Kapitel „Lösungen"):

Ich spiele mit meiner Freundin ein Spiel.
Während die Mutter kocht, kommt der Vater nach Hause.
Trotz des schlechten Wetters wollen sie einen Ausflug machen.
Dein Autoschlüssel liegt auf dem Tisch.
Das Wetter ist wirklich schlecht.
Wann kommst du wieder nach Hause?
Die Familie fährt in den Urlaub.
Unsere Kinder spielen sehr schön zusammen.
Das schlaue Kind kann die Aufgabe schnell lösen.
Der Hund jagt die Katze.

Genitiv

Der Genitiv ist der 2. Fall in der deutschen Sprache. Er wird auch als Wessen-Fall bezeichnet. Mit dem Genitiv wird der Besitzer einer Sache beschrieben. Dies ist in den meisten Fällen ein Substantiv, es kann sich aber auch um Pronomen handeln. Wie bereits in den vorherigen Kapiteln erwähnt, müssen diese und ihre Begleiter dekliniert werden. Um herauszufinden, ob ein Satzglied im Genitiv steht, müssen Sie das entsprechende Fragewort kennen:

Genitiv: Wessen?

Stellt man in folgendem Beispielsatz die Frageprobe: „***Wessen*** Hundemarke findet das Kind?", kann man herausfinden, in welchem Fall das Substantiv steht.

z. B. Das Kind findet die Hundemarke ***des Dackels*** und gibt sie dem Besitzer zurück.

Die Antwort lautet des Dackels. Der Dackel steht also im Genitiv. An dem Beispiel kann man sehen, dass immer der Besitzer einer Sache oder eines Gegenstands beschrieben wird. In diesem Fall gehört dem Dackel die Hundemarke. Das Substantiv kann im Genitiv im Singular oder Plural stehen. Wie bereits erwähnt, muss das Substantiv und seine Begleiter, wenn es nun im Satz identifiziert wurde, auch entsprechend an den Fall angepasst werden. Wie die Artikel und Substantive im Genitiv angepasst werden, ist der folgenden Tabelle zu entnehmen.

Anzahl	Singular			Plural
Geschlecht	maskulin	feminin	neutral	
bestimmter Artikel	**des Baumes**	**der Frucht**	**des Kindes**	**der Pferde**
unbestimmter Artikel	**eines Baumes**	**einer Frucht**	**eines Kindes**	-

Anhand der Tabelle und der Beispiele kann man sehen, dass feminine Substantive keine Endung bekommen. Es müssen also nur maskuline und neutrale Substantive an den Genitiv angepasst werden. Wie sich die Artikel verändern, können Sie der Tabelle entnehmen. Für den unbestimmten Artikel gibt es auch im Genitiv keinen Plural. Doch welche Endung wird wann verwendet? In der Regel wird einfach ein -s an die Nomen angehängt. Dieses bezeichnet man auch als das Genitiv-s. Es gibt allerdings auch Ausnahmen. Wann welche Endung angehängt wird, sehen Sie im Folgenden:

-s:	**Substantiv mit mehreren Silben** **Substantive mit folgenden Endungen: -e, -el, -er, -en, -chen, -lein und –ling** **z. B. des Mädchens, des Kindchens, des Lehrlings**
-es:	**Substantiv mit nur einer Silbe** **Substantive mit folgenden Endungen: -s, -ss, -ß, -tz, -x, -z** **z. B. des Baumes, des Flusses, des Scherzes**
-ses:	**Substantive, die auf -nis Enden** **z. B. des Geheimnisses, des Hindernisses**
-en:	**Substantive, die auf -e und -ent enden** **z. B. der Enten, des Studenten**

Wie bereits erwähnt, können aber auch Pronomen im Genitiv stehen, auch diese müssen an Fall, Anzahl und Geschlecht angepasst werden. In der folgenden Tabelle ist dargestellt, wie sich die Possessivpronomen im Genitiv verändern.

Anzahl	Singular			Plural
Geschlecht	maskulin	feminin	neutral	
ich	meines	meiner	meines	meiner
du	deines	deiner	deines	deiner
er, sie, es	seines, ihres, seines	seiner, ihrer, seiner	seines, ihres, seines	seiner, ihrer, seiner
wir	unseres	unserer	unseres	unserer
ihr	eures	eurer	eures	eurer
sie	ihres	ihrer	ihres	ihrer

Wie beim Nominativ kann man auch bei den Possessivpronomen im Genitiv sehen, dass sich die Possessivpronomen bei maskulinen und neutralen Substantiven sowie bei femininen Substantiven und Substantiven im Plural gleich verhalten.

Verwendung des Genitivs

Der 2. Fall wird verwendet, wenn über **Zugehörigkeit** gesprochen wird. In der Alltagssprache wird der Genitiv allerdings eher seltener benutzt, da er oft durch die Präposition „von“ und einem Substantiv im Dativ ersetzt wird. Dies geschieht vor allem in der gesprochenen Sprache. Ein Substantiv kann auch durch ein anderes Substantiv im 2. Fall ergänzt werden. Dieses beschreibt das Substantiv dann genauer. Diese Art der Verwendung des 2. Falles bezeichnet man als Genitivattribut. Es steht meistens hinter dem Substantiv, das Genitivattribut kann aber auch vor dem Substantiv stehen, wenn es sich um einen Namen handelt. Es drückt aus, **wem** oder **zu** was etwas gehört.

z. B. Das ist das Auto meiner Schwester.
z. B. Das sind Lisas Schlüssel.

Es gibt zudem einige bestimmte Verben, bei denen der 2. Fall benutzt werden muss. Dazu zählen **gedenken, anklagen, beschuldigen** etc. Auch einige Adjektive müssen immer zusammen mit dem 2. Fall benutzt werden. Dazu zählen **etwas würdig sein, etwas überdrüssig sein** etc. Als Letztes gibt es noch einige Präpositionen, die die Benutzung des Genitivs zur Folge haben. So z. B. **trotz, anstatt, ungeachtet, aufgrund** etc.

Übung 16

Bestimmen Sie das Satzglied, welches im Genitiv steht (Lösung s. Kapitel „Lösungen“):

Die Frau des Chefs hat eine neue Tasche.
Das Mädchen findet das Halsband des Hundes.
Der Vater meines Onkels ist mein Opa.
Das sind die Schuhe meiner Freundin.
Anettes Schlüssel liegen auf dem Tisch.
Trotz des schlechten Wetters wollen sie einen Ausflug machen.
Die Familie fährt in das Haus ihres Freundes.
Aufgrund der Sperrung können sie dort nicht langfahren.

Dativ

Der Dativ ist der 3. Fall in der deutschen Sprache. Im Dativ stehen meistens die indirekten Objekte eines Satzes. Dieser Fall wird verwendet, wenn man von einer Person oder Sache spricht, die etwas bekommt. Dabei handelt es sich häufig um Substantive. Auch diese müssen, wie in anderen Fällen, dekliniert werden. Auch die Begleiter des Substantivs, Artikel, Adjektive, und Pronomen werden dekliniert. Um herauszufinden, ob ein Satzglied im Dativ steht, müssen Sie das entsprechende Fragewort kennen:

Dativ: Wem?

In dem Fragewort steht „wem?" für eine Person, die etwas bekommt oder besitzt. Stellt man in folgendem Beispielsatz die Frageprobe „**Wem** gibt das Kind die Hundemarke zurück?", kann man herausfinden, in welchem Fall das Substantiv steht.

z. B. Das Kind findet die Hundemarke des Dackels und gibt sie **dem Besitzer** zurück.

Die Antwort lautet dem Besitzer. Der Besitzer steht also im Dativ. An dem Beispiel kann man sehen, dass meistens das Substantiv, das etwas bekommt, im Dativ steht (der Besitzer bekommt die Hundemarke zurück). Das Objekt kann im Singular oder Plural stehen.

Wie bereits erwähnt, muss das Substantiv und seine Begleiter, wenn es nun im Satz identifiziert wurde, auch entsprechend an den Fall angepasst werden. Wie die Artikel und Substantive im Dativ angepasst werden, ist der folgenden Tabelle zu entnehmen.

Anzahl	Singular			Plural
Geschlecht	maskulin	feminin	neutral	
bestimmter Artikel	**dem Baum**	**der Frucht**	**dem Kind**	**den Pferden**
unbestimmter Artikel	**einem Baum**	**einer Frucht**	**einem Kind**	-

Auffällig ist, dass die Substantive im Singular im Dativ nicht verändert werden, es werden keine Endungen angehängt. Zudem fällt auf, dass, wenn man sich die Artikel anschaut, die Artikel maskuliner und neutraler Substantive wieder gleich sind. Vorsicht, bei den Artikeln von femininen Substantiven und Substantiven im Plural gibt es im Gegensatz zu den anderen Fällen im Dativ Unterschiede. Auch hier gibt es keinen Plural für den unbestimmten Artikel. Es können aber auch Pronomen im Dativ stehen. Auch diese müssen an Fall, Anzahl und Geschlecht angepasst werden. In der folgenden Tabelle ist dargestellt, wie sich die Possessivpronomen im Dativ verändern.

Anzahl	Singular			Plural
Geschlecht	maskulin	feminin	neutral	
ich	**meinem**	**meiner**	**meinem**	**meinen**
du	**deinem**	**deiner**	**deinem**	**deinen**
er, sie, es	**seinem, ihrem, seinem**	**seiner, ihrer, seiner**	**seinem, ihrem, seinem**	**seinen, ihren, seinen**
wir	**unserem**	**unserer**	**unserem**	**unseren**
ihr	**eurem**	**eurer**	**eurem**	**euren**
sie	**ihrem**	**ihrer**	**ihrem**	**ihren**

Wie beim Nominativ und Genitiv kann man auch bei den Possessivpronomen im Dativ sehen, dass sich die Possessivpronomen bei maskulinen und neutralen Substantiven nicht unterscheiden. Vorsicht, anders ist es hier bei den Possessivpronomen von femininen Substantiven und den Possessivpronomen im Plural, diese unterscheiden sich.

Verwendung des Dativs

Der Dativ wird vor allem in drei wesentlichen Situationen verwendet. Es gibt einige Verben, die eine Dativergänzung fordern. Dies ist das sogenannte **Dativobjekt**, welches, wie der Name schon sagt, immer im Dativ steht. Dazu zählen **danken, drohen, absagen, gehören** etc. Verwendet man bestimmte **Präpositionen**, so macht dies ebenfalls die Verwendung des 3. Falls erforderlich. Dazu zählen **mit, seit, nach, ab** etc.

Hat ein Satz mehr als zwei Objekte, so steht das indirekte Objekt im 3. Fall. Das indirekte Objekt ist in diesem Fall dann der Empfänger einer Sache, die mit dem direkten Objekt ausgedrückt wird.

z. B. Ich schenke meiner Freundin einen Blumenstrauß.

In diesem Fall ist die Freundin das indirekte Objekt, da sie Empfängerin des Blumenstraußes ist, des direkten Objekts.

Übung 17

Bestimmen Sie das Satzglied, das im Dativ steht (Lösung s. Kapitel „Lösungen"):

Die Frau gibt dem Kind den Lutscher.
Das Mädchen findet das Halsband des Hundes und gibt es dem Mann.
Sie spielt mit ihm ein Spiel.
Nach der Schule gehen sie zu der Tante.
Anettes Schlüssel liegen auf dem Tisch.
Am Morgen wollte sie dem Briefträger eine Überraschung geben.
Die Schuhe von der Frau sind schön.
Er kann seinem Lehrer nicht genug danken.
Warum kannst du ihr das Geld nicht einfach zurückgeben?
Meinem Bruder ist das sehr peinlich.

Akkusativ

Der Akkusativ ist der 4. Fall im Deutschen. Direkte Objekte stehen oft im Akkusativ. Dieser wird verwendet, wenn von Personen oder Dingen die Rede ist, die für etwas benutzt werden. Diese müssen, wie in anderen Fällen, dekliniert werden. Auch die Begleiter des Substantivs, Artikel, Adjektive, und Pronomen werden dekliniert. Um herauszufinden, ob ein Satzglied im Akkusativ steht, müssen Sie das entsprechende Fragewort kennen:

Akkusativ: Wen oder was?

In dem Fragewort steht „wen?“ für eine Person, mit der etwas passiert, mit „was?“ wird nach einer Sache gefragt, die in dem Satz gemeint ist. Stellt man in folgendem Beispielsatz die Frageprobe „**Wen oder was** findet das Kind?“, kann man herausfinden, in welchem Fall das Substantiv steht.

z. B. Das Kind findet **die Hundemarke** des Dackels und gibt sie dem Besitzer zurück.

Die Antwort lautet die Hundemarke. Die Hundemarke steht also im Akkusativ. An dem Beispiel kann man sehen, dass meistens das Substantiv, mit dem etwas getan wird (die Hundemarke wird dem Besitzer zurückgegeben), im Akkusativ steht. Das Objekt kann im Singular oder Plural stehen. Wie bereits erwähnt, muss das Objekt und seine Begleiter, wenn es nun im Satz identifiziert wurde, auch entsprechend an den Fall angepasst werden. Wie die Artikel und Substantive im Akkusativ angepasst werden, ist der folgenden Tabelle zu entnehmen.

Anzahl	Singular			Plural
Geschlecht	maskulin	feminin	neutral	
bestimmter Artikel	den Baum	die Frucht	das Kind	die Pferden
unbestimmter Artikel	einen Baum	eine Frucht	ein Kind	-

Auffällig ist, dass die Substantive im Singular im Akkusativ nicht verändert werden, es werden keine Endungen angehängt. Zudem fällt auf, dass sich nur der maskuline Artikel im Akkusativ verändert. Das ist auch der Grund, warum es so schwer ist, den Nominativ vom Akkusativ zu unterscheiden. Die Artikel femininer und neutraler Substantive sowie der Artikel der Substantive im Plural sind bei beiden Fällen die gleichen. Auch im Akkusativ gibt es keinen Plural für den unbestimmten Artikel. Wie bereits erwähnt, können aber auch Pronomen im Akkusativ stehen, auch diese müssen an Fall, Anzahl und Geschlecht angepasst werden. In der folgenden Tabelle ist dargestellt, wie sich die Possessivpronomen im Akkusativ verändern.

Anzahl	Singular			Plural
Geschlecht	maskulin	feminin	neutral	
ich	meinen	meine	mein	meine
du	deinen	deine	dein	deine
er, sie, es	seinen, ihren, seinen	seine, ihre, seine	sein, ihr, sein	seine, ihre, seine
wir	unseren	unsere	unser	unsere
ihr	euren	eure	euer	eure
sie	ihren	ihre	ihr	ihre

Man kann sehen, dass sich, anders als bei den anderen Fällen, feminine Possessivpronomen und die des Plurals nicht unterscheiden. Im Akkusativ unterscheiden sich allerdings maskuline und neutrale Possessivpronomen.

Verwendung des Akkusativs

Man kann den Akkusativ als direktes Objekt oder als Akkusativobjekt verwenden. In Sätzen, die mehrere Objekte enthalten, steht das direkte Objekt immer im Akkusativ. Man erkennt das direkte Objekt daran, dass es für eine Handlung verwendet wird oder eine Handlung erhält. Dies wird anhand des folgenden Beispiels genauer erklärt:

z. B. Lisa schreibt Lars einen Brief.

Der Brief bekommt in diesem Fall sozusagen die Handlung, denn er wird geschrieben. Daher weiß man, dass es sich bei dem Brief um das direkte Objekt handelt, welches im Akkusativ steht. In Sätzen mit nur einem Objekt ist dieses das direkte Objekt und steht automatisch im Akkusativ. Dieses bezeichnet man dann auch als das Akkusativobjekt. Ausnahmen können hier nur die Verben oder Präpositionen darstellen, die einen anderen Fall verlangen.

z. B. Ich liebe meinen Hund.

In diesem Satz steht der Hund im Akkusativ und es ist das Akkusativobjekt. Es gibt Verben, die immer das Akkusativobjekt verlangen. Dazu zählen **besuchen, haben** oder **kennen**.

Zudem gibt es auch hier bestimmte Präpositionen, die die Verwendung des Akkusativs zur Folge haben. Dazu zählen **um, durch, ohne, bis, für, gegen**.

Übung 18

Bestimmen Sie das Satzglied, welches im Akkusativ steht (Lösung s. Kapitel „Lösungen"):

Die Frau gibt dem Kind den Lutscher.
Das Mädchen findet das Halsband des Hundes und gibt es dem Mann.
Sie spielt mit ihm ein Spiel.
Während er am Tisch sitzt, sucht sie das Telefon.
Der Hund jagt die Katze.
Am Morgen wollte sie dem Briefträger eine Überraschung geben.
Das Mädchen gibt ihrer Freundin ihren Stift.
Er kann seinen Lehrer nicht leiden.
Warum kannst du ihr das Geld nicht einfach zurückgeben?
Er mag sein Gemüse nicht essen.
Der Zug fährt durch den Tunnel.

Satzebene

SATZGEFÜGE

Es gibt im Deutschen verschiedene Arten von Sätzen, so z. B. Haupt- und Nebensätze. Ordnet man einen oder mehrere Nebensätze einem Hauptsatz unter, so bildet man ein Satzgefüge. Ein Hauptsatz muss also mit einem Nebensatz verbunden werden, um ein Satzgefüge zu erzeugen. Im Folgenden ein Beispiel zu einem einfachen Satzgefüge:

z. B. **Ich treffe mich heute mit Lisa**, *weil ich sie mag.*

Im Beispiel sieht man ein Satzgefüge aus einem **Haupt**- und einem *Nebensatz*, die durch ein Bindewort miteinander verbunden sind. Satzgefüge können allerdings auch aus mehreren Nebensätzen bestehen. Man nennt diese Sätze dann verschachtelt.

Man kann auch mehrere Hauptsätze aneinanderreihen, das nennt man dann eine Satzreihe.

z. B. **Die Eltern essen Schnitzel, die Kinder essen eine Pizza.**

In dem Beispiel sieht man eine Satzreihe aus zwei **Hauptsätzen**, die durch ein Komma miteinander verbunden sind. Die beiden Hauptsätze können aber ebenfalls auch durch ein Bindewort miteinander verbunden sein.

Hauptsätze

Einen Hauptsatz erkennt man daran, dass dieser völlig alleine stehen kann und trotzdem vollständig ist und ohne weitere Ergänzungen einen Sinn ergibt. Ein Hauptsatz enthält also immer vollständige Informationen. Der Hauptsatz besteht deshalb aus den drei wichtigsten Satzgliedern, dem Subjekt, dem Prädikat und dem Objekt.

> Ein Hauptsatz besteht mindestens aus einem Subjekt und einem Prädikat.

Sehr einfach ist der Hauptsatz daran zu erkennen, dass das Prädikat, also das konjugierte Verb, fast immer an zweiter Stelle steht. Ausnahmen sind hier Befehle, ja/nein-Fragen oder wenn in einem Satzgefüge der Nebensatz vor dem Hauptsatz steht. In diesen Fällen rutscht das konjugierte Verb an die erste Position.

Einen Hauptsatz aus nur zwei Satzgliedern, dem **Subjekt** und dem *Prädikat*, nennt man ein Satzminimum oder ein ergänzungsloser Satz.

z. B. **Lisa** *rennt*.

Dieser Satz ist zwar vollständig und kann demnach alleine stehen, enthält aber eher spärliche Informationen. Deshalb ist es in der Regel so, dass in einem Satz auch ein **Objekt** vorkommt.

z. B. **Lisa** *rennt* **zum Bus**.

Man sollte sich also merken, dass Hauptsätze in der Regel aus den drei Satzgliedern Subjekt, Prädikat und Objekt bestehen.

Nebensätze

Ein Nebensatz kann im Gegensatz zu einem Hauptsatz nie alleine stehen und ist somit immer an einen Hauptsatz gebunden. Ein Nebensatz alleine macht einfach keinen Sinn, da wichtige Informationen aus dem Hauptsatz fehlen.

z. B. Nina spielt gerne Handball, **weil** sie dann ihre Freunde *trifft*.

In dem Beispiel ist „weil sie dann ihre Freunde trifft" der Nebensatz. Schaut man sich diesen genauer an, so stellt man fest, dass dieser alleine überhaupt keinen Sinn ergibt. Wie bereits beschrieben, braucht ein Nebensatz immer einen Hauptsatz, an den er gebunden ist, um Sinn zu ergeben.

Einen Nebensatz erkennt man daran, dass das konjugierte Verb am Ende steht.

Man kann zudem an dem Beispiel sehen, dass die beiden Sätze durch ein Bindewort (Konjunktion) und ein Komma miteinander verbunden sind.

Ein Nebensatz kann sowohl vor als auch hinter einem Hauptsatz stehen. Das macht für die Bedeutung der Sätze keinen Unterschied.

z. B. Ich **gehe** heute in die Stadt, weil ich keine Schule habe.

z. B. Weil ich keine Schule habe, **gehe** ich heute in die Stadt.

Die Bedeutung der beiden Sätze ist gleich. Man kann an dem Beispiel sehen, dass sich der Nebensatz, egal, an welcher Stelle er steht, nicht verändert.

Das Einzige, was sich verändert, ist die Position des **konjugierten Verbs** im Hauptsatz. Steht der Hauptsatz vor dem Nebensatz, so steht das konjugierte Verb an der zweiten Position. Steht der Hauptsatz hinter dem Nebensatz, so rutscht das **konjugierte Verb** an die erste Position vor das Subjekt des Hauptsatzes.

Es ist also egal, in welcher Reihenfolge Haupt- und Nebensätze zueinander stehen. Wichtig ist jedoch, die beiden Sätze immer mit einem **Komma** voneinander zu trennen.

Übung 19: Haupt- und Nebensätze

Setzen Sie das Komma an die richtige Stelle und bestimmen Sie die Haupt- und Nebensätze (Lösung s. Kapitel „Lösungen“):

Damit sie den Ring findet wartet sie bis zum Sonnenaufgang.
Sie kann das Mädchen nicht erreichen um sich zu bedanken.
Karl spielt mit ihm ein Spiel sodass er nicht warten muss.
Sie liebt ihren Hund und sie liebt ihre Katze.
Weil es regnet benutzt Lisa einen Regenschirm.
Am Morgen wollte sie dem Briefträger eine Überraschung geben.
Das Mädchen gibt ihrer Freundin ihren Stift damit sie das Blatt ausfüllen kann.
Er kann seinen Lehrer nicht leiden weil er immer unfreundlich ist.

Konjunktionen

Konjunktionen werden im Deutschen verwendet, um mehrere Sätze miteinander zu verbinden. Deshalb werden sie auch als Bindewörter bezeichnet. Bei Konjunktionen handelt es sich meist um nur ein Wort, welches Haupt- und Nebensätze oder nur einzelne Wörter miteinander verbindet. Man unterscheidet zwischen nebenordnenden Konjunktionen und unterordnenden Konjunktionen.

Nebenordnende Konjunktionen

Mit nebenordnenden Konjunktionen können zwei gleichrangige Sätze miteinander verbunden werden. Das sind z. B.:

z. B. Sie isst keine Tomaten und sie isst keine Zwiebeln.

Man kann an dem Beispiel sehen, dass die beiden Hauptsätze komplett gleich aufgebaut sind und nur durch das Bindewort „und" miteinander verbunden wurden. Da das Subjekt und das Prädikat beider Sätze gleich sind, können diese in dem zweiten Satz auch weggelassen werden. Der Satz würde dann so lauten:

z. B. Sie isst keine Tomaten und Zwiebeln.

Bei der Verbindung zweier Nebensätze ist es wichtig, dass die Nebensätze, die verbunden werden sollen, auch dem gleichen Hauptsatz untergeordnet sind.

Nebensatz + Nebensatz

z. B. Ich freue mich, wenn meine Freunde gesund sind und wenn es meiner Familie gut geht.

Die Regel, dass die Verben im Nebensatz am Satzende stehen, gilt hier natürlich weiterhin. Mit Konjunktionen können allerdings nicht nur Sätze miteinander verbunden werden, sondern auch Satzglieder oder Wortgruppen. Dazu folgendes Beispiel:

einfache Satzglieder

z. B. Fährst du lieber mit **dem Bus** oder **dem Zug**?

In dem Beispiel wurden zwei Objekte mit dem Bindewort „oder" verbunden. Man kann aber auch beispielsweise zwei Prädikate miteinander verbinden:

z. B. Meine Mutter **näht** und **strickt** gerne.

Zu den nebenordnenden Konjunktionen gehören aber, oder, sondern, und etc.

Unterordnende Konjunktionen
Wie der Name schon sagt, werden mit unterordnenden Konjunktionen Nebensätze einem Hauptsatz untergeordnet. Anders als bei den nebenordnenden Konjunktionen ist die unterordnende Konjunktion dann auch immer ein Teil des Nebensatzes.

z. B. Sie hat ihren Hund dabei, damit sie keine Angst hat.

Zu den unterordnenden Konjunktionen zählen z. B. bevor, dass, sodass, weil, damit etc.

SATZARTEN

Unterschiedliche Satzarten, auch Satztypen genannt, helfen beim Sprechen oder Schreiben dabei, unterschiedliche Absichten auszudrücken und darzustellen, denn nicht immer möchte man nur etwas feststellen. Man kann mit den unterschiedlichen Satzarten z. B. auch auffordern, Fragen oder einen Wunsch äußern.

Aussagesätze

Die häufigste Satzart ist der Aussagesatz oder auch Deklarativsatz. Mit ihm können verschiedenste Aussagen getroffen werden, wie z. B. etwas erklären, etwas behaupten oder ganz einfach etwas feststellen.

z. B. Unter der Woche kocht die Mutter immer das Essen.

Man erkennt den Aussagesatz an drei Eigenschaften:

- An dem Punkt am Ende des Satzes
- Das konjugierte Verb steht an der zweiten Stelle im Satz
- Die Betonung fällt beim Aussprechen des Satzes zum Ende hin ab

Aufforderungssätze

Aufforderungssätze werden auch Befehls- oder Imperativsätze genannt, da man diese Satzart mithilfe des Imperativs bildet (s. Kapitel „Imperativ"). Sie werden benutzt, um Befehle auszudrücken.

z. B. Mach jetzt endlich deine Hausaufgaben!

Man erkennt den Aufforderungssatz an drei Eigenschaften:

- An dem Ausrufezeichen am Ende des Satzes
- An dem Verb im Imperativ
- Die Betonung ist immer abfallend

Man kann diese Satzart allerdings auch aufbauen wie einen Aussagesatz. Dieser würde dann so aussehen:

z. B. Du machst jetzt endlich deine Hausaufgaben!

Zu erkennen ist der Aufforderungssatz dann aber immer noch an dem Ausrufezeichen am Ende des Satzes, auch wenn dieser kein Imperativ mehr enthält.

Fragesätze

Fragesätze werden auch als Interrogativsätze bezeichnet. Sie werden, wie der Name schon sagt, benutzt, um Fragen zu stellen. Man muss hier zwei Fragesätze unterscheiden. Zum einen gibt es die Entscheidungsfragen, auf die mit einem **Ja** oder **Nein** geantwortet werden kann.

z. B. Möchtest du mit einkaufen gehen?

Es gibt allerdings auch die Ergänzungsfragen, auf die nicht nur mit einem Ja oder Nein geantwortet werden kann. Sie enthalten immer ein Fragewort.

z. B. Wann bist du wieder zu Hause?

Man erkennt beide Fragesätze an zwei Eigenschaften:

- An dem Fragezeichen am Ende des Satzes
- Die Betonung ist immer ansteigend
- Ergänzungsfragen erkennt man an Fragewörtern wie „wann“, „warum“ oder „wie“

Ausrufesätze

Ausrufesätze werden auch als Exklamativsätze bezeichnet. Sie werden benutzt, um wirklich starke Gefühle auszudrücken. Das können sowohl negative als auch positive Emotionen sein. Im Folgenden zwei Beispiele:

z. B. Wir haben es geschafft!
z. B. Ich bin total überfordert!

Man erkennt die Ausrufesätze an folgenden Eigenschaften:

- An dem Ausrufezeichen am Ende des Satzes
- Die Betonung kann je nach Gefühl aufsteigend oder abfallend sein

Wunschsätze

Wunschsätze werden auch als Desiderativsätze bezeichnet. Diese erkennt man allem voran am Konjunktiv II, mit dem man Wünsche oder Hoffnungen ausdrücken kann.

z. B. Hätten wir doch nur den Hund gerettet!

Man kann den Wunschsatz sowohl mit einem Punkt als auch mit einem Ausrufezeichen am Ende des Satzes versehen. Das hängt ganz von der Stärke des Wunsches ab. Ein Ausrufezeichen betont, wie wichtig der Wunsch ist.

Man erkennt die Wunschsätze an folgenden Eigenschaften:

- An dem Punkt oder Ausrufezeichen am Ende des Satzes
- Das Verb steht im Konjunktiv II am Anfang des Satzes
- Die Betonung fällt beim Aussprechen des Satzes zum Ende hin ab

SONSTIGE SATZARTEN

Wörtliche Rede

In der **wörtlichen Rede** wird das Gesagte von jemandem Wort für Wort wiedergegeben. Sie wird oft benutzt, um Texte lebendiger zu gestalten. Man kann sie deshalb auch die direkte Rede nennen. Zu der wörtlichen Rede gehört in der Regel auch immer ein Begleitsatz. Dieser erklärt, wer etwas sagt und wie es gesagt wird.

z. B. Karsten ruft aufgeregt: **„Sie sind da!“**

Nach dem Begleitsatz wird immer ein Doppelpunkt gesetzt, die wörtliche Rede steht in Anführungszeichen. In dem Beispiel ist der Begleitsatz ein vorangestellter Begleitsatz. Allerdings kann dieser beispielsweise auch hinter der wörtlichen Rede stehen, dann nennt man ihn einen nachgestellten Begleitsatz.

z. B. **„Sie sind da!“**, ruft Karsten aufgeregt.

An dem Beispiel kann man sehen, dass der nachgestellte Begleitsatz von der wörtlichen Rede mit einem Komma getrennt ist. Zudem ändert sich die Reihenfolge der Satzglieder, das konjugierte Verb rückt an die erste Stelle. Wichtig ist hier, dass der Punkt als Satzschlusszeichen in der wörtlichen Rede nicht genutzt werden darf, da der Satz ja erst nach dem Begleitsatz zu Ende ist. In diesem Fall wird einfach kein Satzzeichen nach der wörtlichen Rede benutzt. Das gilt, wie das Beispiel zeigt, aber nicht für Ausrufezeichen und Fragezeichen.

Als dritte und letzte Form gibt es noch den eingeschobenen Begleitsatz, der inmitten der wörtlichen Rede steht. Dieser wird durch ein Komma sowohl vorne als auch hinten von der wörtlichen Rede abgetrennt. Im Folgenden ein Beispiel:

z. B. **„Sie“**, ruft Karsten aufgeregt, **„sind da!“**

Übung 20

Setzen Sie den Begleitsatz „Lisa sagte“ an die entsprechende Stelle (Lösungen s. Kapitel „Lösungen“):

direkte Rede	direkte Rede mit Begleitsatz
„Ich mag dich nicht.“ (nachgestellt)	
„Kannst du bitte die Hunde reinholen?“ (nachgestellt)	
„Pass auf!“ (vorangestellt)	
„Sie kommen immer zu spät.“ (eingeschoben)	
„Ich brauche wirklich Urlaub!“ (vorangestellt)	
„Ich hab euch lieb.“ (eingebaut)	

Indirekte Rede

Die indirekte Rede wird verwendet, wenn man das Gesagte einer Person sinngemäß wiedergeben will. Das erfolgt dann nicht in der direkten Rede, sondern in eigenen Worten für das Gesagte. Oft wird die indirekte Rede deshalb in Zeitungsartikeln oder im Fernseher verwendet. Bei der Verwendung der indirekten Rede wird der Konjunktiv I verwendet. Drei wesentliche Dinge müssen bei der Umwandlung der wörtlichen Rede in die indirekte Rede geändert werden.

1) **Pronomen**
   1. Person -> 3. Person

2) **Angaben zum Ort**
   hier -> dort, an jenem Ort

3) ***Angaben zur Zeit***
   gestern -> am Tag zuvor

4) **Verben**
   Indikativ -> Konjunktiv I oder II

In der Regel wird bei der indirekten Rede immer der Konjunktiv I benutzt. Ähneln sich allerdings der Indikativ und der Konjunktiv I sehr, wie es bei einigen Verben der Fall ist, so wird der Konjunktiv II stattdessen verwendet. Im Folgenden ein Beispiel zur indirekten Rede:

z. B. wörtliche Rede: „**Wir** waren *gestern* im Zoo"

z. B. indirekte Rede: Susi sagte, dass **sie** *am Tag zuvor* im Zoo gewesen seien.

Oder:

z. B. indirekte Rede: Susi sagte, **sie** seien *am Tag zuvor* im Zoo gewesen.

Beide Umwandlungen sind korrekt. Man kann sich also überlegen, ob man beim Umwandeln der direkten in die indirekte Rede einen Satz mit „**dass**" bilden möchte oder ob man lieber den Satz ohne bildet. Beides ist richtig.

Anhand der Beispiele lässt sich erkennen, dass an einiges gedacht werden muss, wenn man die wörtliche Rede in die indirekte Rede umwandelt. Da es sich bei der indirekten Rede um eine sinngemäße Wiedergabe des Gesagten handelt, gibt es auch hier viel Spielraum für die eigene Wortwahl. Bei der indirekten Rede werden zudem keine Anführungszeichen mehr benötigt. Man muss auch darauf achten, ob das Gesagte in der Vergangenheit liegt. Wenn ja, muss der Konjunktiv II im Präteritum verwendet werden, um die gleiche Zeitform beizubehalten.

z. B. „Ich war gestern arbeiten."

z. B. Sie sagte, dass sie am Tag zuvor arbeiten gewesen sei.

Wie Sie den Konjunktiv I und II bilden, entnehmen Sie bitte dem Kapitel „Konjunktiv I" und „Konjunktiv II".

Übung 21

Wandeln Sie die indirekte Rede in die direkte Rede um (Lösungen s. Kapitel „Lösungen"):

indirekte Rede	direkte Rede
Die Mutter sagte, dass sie heute in den Zoo gingen.	
Die Mutter sagte, dass sie dort sehr glücklich gewesen seien.	
Die Mutter sagte, dass sie einen großen Garten habe.	
Die Mutter sagte, dass er keine Jacke angehabt habe.	
Die Mutter sagte, dass sie Urlaub brauche.	
Die Mutter sagte, dass sie ihre Kinder sehr liebten.	

Konditionalsätze

Konditionalsätze werden auch als Bedingungssätze bezeichnet. Sie sind eine ganz bestimmte Art von Nebensätzen, die eine Bedingung angeben. Es wird also etwas gefordert, von dessen Erfüllung etwas anderes abhängig gemacht wird.

z. B. Wenn du nicht schneller gehst, wirst du den Zug verpassen.

Der Konditionalsatz wird mit den Wörtern „falls", „sofern" und „wenn" eingeleitet. Der Nebensatz formuliert also die Bedingung, die erfüllt sein muss, damit die Folge des Hauptsatzes eintritt. Im Folgenden ein Beispiel.

z. B. Der Chef ärgert sich sehr, wenn seine Angestellten nicht arbeiten.

Wenn die Bedingung nicht erfüllt wird, nämlich, dass die Angestellten arbeiten, ärgert sich der Chef sehr darüber. Konditionalsätze können nicht in der Vergangenheit stehen.

Relativsätze

Relativsätze sind eine besondere Art von Nebensätzen. Sie sind Nebensätze, die sich immer auf etwas aus dem Hauptsatz beziehen. Das Bezugswort ist meistens ein Substantiv oder Pronomen aus dem Hauptsatz. Der Relativsatz beschreibt dieses genauer.

z. B. Der Stuhl aus der Küche, der kaputt ist.

Durch drei unterschiedliche Wortgruppen kann ein Relativsatz eingeleitet werden:

- Ein Relativpronomen
- Eine Präposition vor einem Relativpronomen
- Ein Relativadverb

Relativpronomen

der, die, das, welcher, welche, welches

z. B. Das ist der Hund, **der** mich gefunden hat.

Die Relativpronomen werden dekliniert, d. h., sie werden an den Fall des Geschlechts und die Anzahl des Substantivs angepasst, auf die sie sich beziehen.

Präposition vor einem Relativpronomen

Vor dem Relativpronomen kann aber auch eine Präposition stehen.

z. B. Das ist die Freundin, **mit der** ich später in den Urlaub fahre.

Man sieht an dem Beispiel, dass sich an dem Relativsatz nicht viel ändert, außer, dass dem Relativpronomen eine Präposition vorangestellt ist. Dabei bestimmt die Präposition den Fall, in dem das Relativpronomen steht. Auf die Präposition „mit“ folgt z. B. immer der Dativ. Auf die Präposition „über“ folgt immer der Akkusativ.

Relativadverben

Relativadverben werden auch als Umstandswörter bezeichnet, denn sie machen genauere Angaben zum Ort, zum Grund oder zur Art und Weise. Relativadverben werden nicht dekliniert. Folgende Relativadverben gibt es:

- **Ort**: wo, woher, wohin, wozwischen, woran
- **Grund**: warum, weshalb, weswegen, wieso
- **Art und Weise**: wie

Benutzt man einen Relativsatz, so wird auch immer ein Komma zwischen den Hauptsatz und den Relativsatz gesetzt.

Übung 22

Unterstreichen Sie den Relativsatz in der entsprechenden Einleitungsform (Lösungen s. Kapitel „Lösungen"):

	Art der Einleitungsform
Tiger kommen aus Asien, woher auch viele andere exotische Tierarten kommen.	
Lisa mag den Sessel, der im Wohnzimmer steht.	
Sie ist krank, weshalb sie nicht in den Urlaub fahren kann.	
Das ist der Mann, über den wir letztens gesprochen haben.	
Das Kind, welches in dem Nachbarhaus wohnt, ist sehr schüchtern.	
Mein Mann freut sich auf den Urlaub, morgen geht es los.	
Wir spielen gerne das Spiel, das im Wohnzimmer steht.	

Zeitformen

In der deutschen Sprache gibt es sechs verschiedene Zeitformen. Diese werden auch als Tempus oder Tempora bezeichnet. Man benötigt die Zeitformen, um zu vermitteln, ob etwas in der Gegenwart, der Vergangenheit oder der Zukunft passiert.

Folgende Zeitformen gibt es:

Präsens (Gegenwart)
Perfekt (vollendete Gegenwart)
Präteritum (Vergangenheit)
Plusquamperfekt (vollendete Vergangenheit)
Futur I (Zukunft)
Futur II (vollendete Zukunft)

Eines haben alle Zeitformen gemeinsam, sie werden durch das Verb des Satzes ausgedrückt. Dabei muss das Verb je nach Tempus und zugehörigem Substantiv konjugiert werden. Im Folgenden werden die Zeitformen genauer beschrieben.

Die Zeitform der Gegenwart im Deutschen nennt man Präsens oder auch *Gegenwartsform*. Das Präsens ist die Zeitform, die am häufigsten verwendet wird. Es werden nicht nur Dinge mit dem Präsens beschrieben, die gerade im Moment passieren, sondern auch regelmäßig wiederkehrende Ereignisse und sogar Dinge, die erst in der Zukunft stattfinden. Es gibt insgesamt fünf Situationen, in denen das Präsens verwendet wird.

1) **Gegenwärtige Ereignisse**
   z. B. Sie schaut grade einen Film.

2) **Zukünftige Ereignisse** (feste Pläne/Vorhaben)
   -> konkrete Zeitangabe ist nötig
   z. B. Sie geht morgen in die Stadt.

3) **Allgemeingültiges** (Fakten, Tatsachen und Zustände)
   z. B. Deutschland liegt in der Mitte von Europa.

4) **Andauernde Ereignisse**
   z. B. Ich warte schon die ganze Zeit auf meinen Bruder.

5) **Regelmäßige Ereignisse** (Terminpläne oder Fahrpläne)
   z. B. Jede Stunde fährt ein Zug nach Berlin.

Die Bildung des Präsens

Um das Präsens richtig zu bilden, muss das Verb an das Substantiv und die richtige Zeitform angepasst werden. Im Kapitel „Konjugation von Verben“ wurde bereits alles Wichtige für die Bildung des Präsens beschrieben. Es muss unbedingt darauf geachtet werden, ob es sich bei der Konjugation um ein regelmäßiges oder unregelmäßiges Verb handelt (s. „Konjugation regelmäßiger Verben“ und „Konjugation unregelmäßiger Verben“). Im Folgenden ein Beispiel für die Konjugation eines regelmäßigen Verbs im Präsens:

	Infinitiv	lernen
Singular	ich	lerne
	du	lernst
	er, sie, es	lernt
Plural	wir	lernen
	ihr	lernt
	sie	lernen

z. B. Ich kaufe mir neue Schuhe.

Übung 23

Wandeln Sie die Sätze in die Zeitform des Präsens um (Lösung s. Kapitel „Lösungen“):

	Präsens
Sie ging shoppen.	
Karl wird arbeiten gehen.	
Wir waren im Haus.	
Sie spielten ein Spiel.	
Ihr werdet das Kind retten.	
Du hattest zwei Katzen.	
Ich war ein großer Fan.	
Er wird seine Katze lieben.	
Wir hatten einen Garten.	
Es war nicht immer leicht.	
Ihr seid gewandert.	

Das Perfekt ist eine von drei Vergangenheitsformen im Deutschen, wird aber auch *vollendete Gegenwart* genannt. Es wird benutzt, um über Handlungen in der Vergangenheit zu sprechen, die aber erst kürzlich passiert sind. Das Perfekt heißt somit auch vollendete Gegenwart, weil die Handlungen in der Vergangenheit immer noch Auswirkungen auf die Gegenwart haben, obwohl sie schon abgeschlossen sind. Um das Perfekt besser zu verstehen:

z. B. Ich habe mir gestern neue Schuhe gekauft.

An diesem Beispiel kann man sehen, dass dieses Ereignis in der Vergangenheit liegt: Meine Mutter hat gestern Schuhe gekauft. Allerdings hat diese Handlung Auswirkungen auf die Gegenwart. Ich habe diese neuen Schuhe jetzt, trage sie vielleicht gerade und jemand hat mich danach gefragt. Also beschreibe ich im Perfekt, wie ich an diese Schuhe gekommen bin.

Wichtig zu merken ist, dass das Perfekt eher in der gesprochenen Sprache verwendet wird. Schreibt man einen Text, wird häufiger auf das Präteritum zurückgegriffen.

Die Bildung des Perfekts

Das Perfekt besteht aus zwei Teilen:

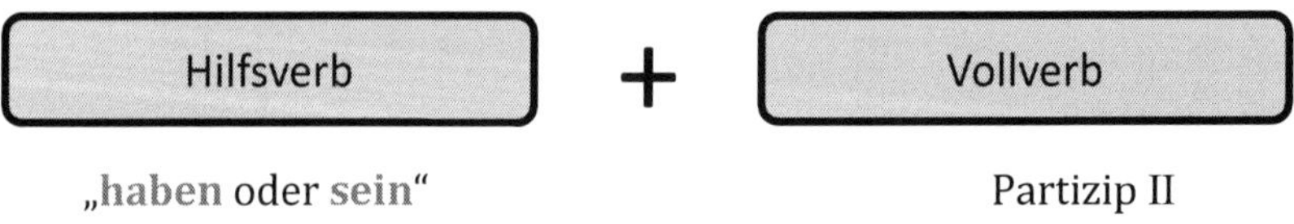

„**haben** oder **sein**“ Partizip II

Als Hilfsverben kommen nur die Verben „haben“ und „sein“ in Frage. Welches von beiden benutzt wird, ist abhängig von dem Vollverb. Die Hilfsverben **haben** und **sein** werden im Perfekt immer in der Präsensform verwendet. Deshalb wird auch nochmal deutlich, warum das Perfekt vollendete Gegenwart heißt. Im Folgenden die Konjugation der beiden Hilfsverben:

	Infinitiv	sein	haben
Singular	ich	bin	habe
	du	bist	hast
	er, sie, es	ist	hat
Plural	wir	sind	haben
	ihr	seid	habt
	sie	sind	haben

Ob man „haben" oder „sein" verwendet, hängt vom Vollverb selbst ab. Die meisten Verben bilden das Perfekt mit „haben". Man nennt dies auch das „haben"-Perfekt, es bildet den Normalfall. Deshalb muss man sich nur die Verben merken, die das Perfekt bzw. auch das Plusquamperfekt mit „sein" bilden. Das sind folgende Verbgruppen:

- Verben, die eine **Fortbewegung** beschreiben
    - z. B. reiten, schwimmen, wandern, fließen, klettern, fliehen, fallen, gehen, gleiten etc.
- Verben, die eine **Veränderung** ausdrücken
    - z. B. bleichen, aufwachen, wachsen, sterben, entstehen, einschlafen, abklingen etc.
- **Sonstige Verben**, die mit „sein" gebildet werden
    - kommen, begegnen, bersten, bleiben, eintreffen, erfolgen, erscheinen, explodieren, fehlschlagen, gedeihen, gelingen, geraten, geschehen, glücken, misslingen, passieren, quellen, scheitern, schwellen, sein, vorfallen, werden

Das **Vollverb** steht im Perfekt immer im Partizip II, auch Partizip Perfekt genannt. Die Bildung des Partizip II unterscheidet sich bei regelmäßigen und unregelmäßigen Verben:

Regelmäßige Verben (zeigen, weinen, lieben, rennen):

z. B. **gezeigt, geweint, geliebt, gerannt etc.**

Regelmäßige Verben auf **-t, -d, -m** und **-n** (arbeiten, warten, trocknen, atmen):

z. B. **gearbeitet, gewartet, getrocknet, geatmet etc.**

Regelmäßige Verben auf **-ieren** (studieren, passieren):

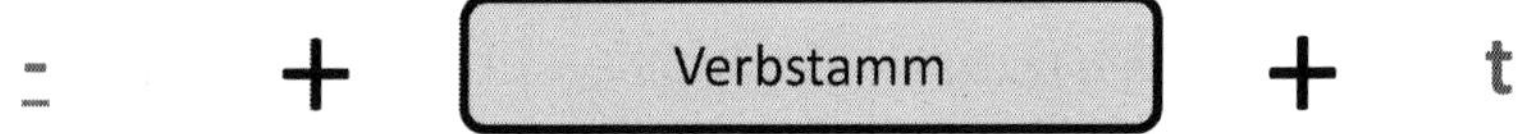

z. B. **( )studiert, ( )fotografiert, ( )passiert etc.**

Unregelmäßige Verben (fahren, laufen, sehen):

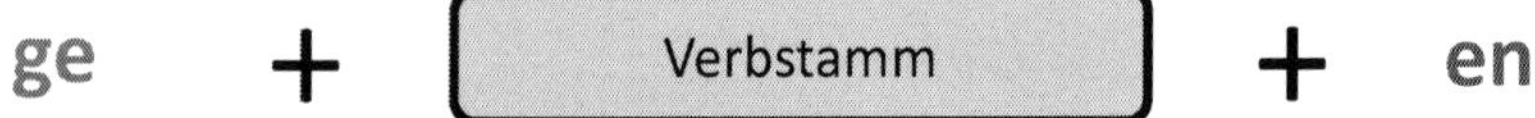

z. B. **gefahren, gelaufen, gesehen etc.**

Vorsicht, bei einigen unregelmäßigen Verben ändert sich auch der Wortstamm.

z. B. **gesungen, getrunken, geworfen, genommen etc.**

Im Folgenden ein Beispiel für die Konjugation eines regelmäßigen Verbs im Perfekt:

	Infinitiv	lernen
Singular	ich	habe gelernt
	du	hast gelernt
	er, sie, es	hat gelernt
Plural	wir	haben gelernt
	ihr	habt gelernt
	sie	haben gelernt

Übung 24

Wandeln Sie die Sätze in die Zeitform des Perfekts um (Lösung s. Kapitel „Lösungen"):

	Perfekt
Sie läuft.	
Karl wird arbeiten gehen.	
Wir fahren zu Freunden.	
Sie spielten ein Spiel.	
Ihr werdet das Kind retten.	
Du hattest zwei Katzen.	
Ich renne gerne.	
Er wird seine Katze lieben.	
Wir hatten einen Garten.	
Es war nicht immer leicht.	
Ihr wandert.	

Das Präteritum wird auch als *Imperfekt* oder *Vergangenheitsform* bezeichnet. Es wird benutzt, um über vergangene Handlungen und Ereignisse zu sprechen. Das Präteritum wird für zwei Situationen benutzt:

1) **abgeschlossene vergangene Handlungen**
   z. B. Damals fuhr ich mit dem Bus zur Schule.

2) **Fakten in der Vergangenheit**
   z. B. Der Krieg fand 1945 statt.

Dieses Vorgehen bezieht sich allerdings eher auf die geschriebene Sprache. In der gesprochenen Sprache verwendet man, wie bereits erwähnt, eher das Perfekt als das Präteritum.

z. B. Ich kaufte mir gestern neue Schuhe.

Die Bildung des Präteritums

Genau wie beim Präsens muss das jeweilige Verb des Satzes konjugiert werden. Bei regelmäßigen Verben ist das, wie im Präsens auch, ganz einfach, da nur bestimmte Endungen an den Verbstamm angehängt werden. Diese können der folgenden Tabelle entnommen werden:

	Infinitiv	**spiel**en	**lern**en	**park**en
Singular	ich	**spiel**te	**lern**te	**park**te
	du	**spiel**test	**lern**test	**park**test
	er, sie, es	**spiel**te	**lern**te	**park**te
Plural	wir	**spiel**ten	**lern**ten	**park**ten
	ihr	**spiel**tet	**lern**tet	**park**tet
	sie	**spiel**ten	**lern**ten	**park**ten

Auch bei der Bildung des Präteritums bei Verben die auf -d, -t, -m oder -n enden, wird ein zusätzliches „e“ eingefügt, um die Aussprache zu erleichtern.

Einige unregelmäßige Verben werden auch im Präteritum häufiger verwendet. Sie dienen teilweise als Hilfsverben und werden im Perfekt benutzt. Folgende Verbformen sollten deshalb im Präteritum bekannt sein:

	Infinitiv	sein	wissen	lassen	bringen
Singular	ich	war	wusste	ließ	brachte
	du	warst	wusstest	ließt	brachtest
	er, sie, es	war	wusste	ließ	brachte
Plural	wir	waren	wussten	ließen	brachten
	ihr	wart	wusstet	ließt	brachtet
	sie	waren	wussten	ließen	brachten

	Infinitiv	haben	werden	gehen	fahren
Singular	ich	hatte	wurde	ging	fuhr
	du	hattest	wurdest	gingst	fuhrst
	er, sie, es	hatte	wurde	ging	fuhr
Plural	wir	hatten	wurden	gingen	fuhren
	ihr	hattet	wurdet	gingt	fuhrt
	sie	hatten	wurden	gingen	fuhren

Auch die Form der Modalverben im Präteritum ist wichtig, da diese nicht im Perfekt verwendet werden:

	Infinitiv	dürfen	können	mögen
Singular	ich	durfte	konnte	mochte
	du	durftest	konntest	mochtest
	er, sie, es	durfte	konnte	mochte
Plural	wir	durften	konnten	mochten
	ihr	durftet	konntet	mochtet
	sie	durften	konnten	mochten

	Infinitiv	müssen	wollen	sollen
Singular	ich	musste	wollte	sollte
	du	musstest	wolltest	solltest
	er, sie, es	musste	wollte	sollte
Plural	wir	mussten	wollten	sollten
	ihr	musstet	wolltet	solltet
	sie	mussten	wollten	sollten

Im Folgenden ein Beispiel für die Konjugation eines regelmäßigen Verbs im Präteritum:

	Infinitiv	lernen
Singular	ich	lernte
	du	lerntest
	er, sie, es	lernte
Plural	wir	lernten
	ihr	lerntet
	sie	lernten

Übung 25

Wandeln Sie die Sätze in die Zeitform des Präteritums um (Lösung s. Kapitel „Lösungen"):

	Präteritum
Sie ist gelaufen.	
Karl wird arbeiten gehen.	
Wir werden im Haus sein.	
Sie spielen ein Spiel.	
Ihr werdet das Kind retten.	
Du hast zwei Katzen.	
Ich bin ein großer Fan.	
Er wird seine Katze lieben.	
Wir haben einen Garten.	
Es wird regnen.	
Ihr seid gewandert.	

Das Plusquamperfekt ist ebenfalls eine Vergangenheitsform und wird auch *Vorvergangenheit* oder *vollendete Vergangenheit* genannt. Mit dem Plusquamperfekt beschreibt man ein Ereignis, das vor einem anderen Ereignis in der Vergangenheit stattgefunden hat. Das frühere Ereignis steht dann im Plusquamperfekt, das darauffolgende Ereignis kann im Perfekt oder im Präteritum stehen. Man verwendet das Plusquamperfekt also, wenn man auf mehrere aufeinanderfolgende Ereignisse in der Vergangenheit zurückblickt. Signalwörter für das Plusquamperfekt können „bevor" oder „nachdem" sein.

z. B. Bevor ich meine Freundin besucht habe,
hatte ich mir neue Schuhe gekauft.

An dem Beispiel ist erkennbar, dass von zwei Ereignissen die Rede ist.

Ein Ereignis findet in der Vergangenheit (Präteritum) statt:
Ich besuchte meine Freundin.

Bevor ich sie besucht habe, hatte ich mir noch neue Schuhe gekauft.

Letzteres ist vor dem Ereignis in der Vergangenheit passiert. Deshalb nennt man das Plusquamperfekt auch vollendete Vergangenheit.

Die Bildung des Plusquamperfekts

Das Plusquamperfekt ist eine zusammengesetzte Zeitform. Es besteht aus zwei Teilen:

„haben" oder „sein" Partizip II

Genau wie das Perfekt, wird das Plusquamperfekt mit den Hilfsverben „haben" oder „sein" gebildet. Der einzige Unterschied ist, dass die Hilfsverben nicht in der Präsensform benutzt werden, sondern im

Präteritum, also in der Vergangenheitsform. Im Folgenden die Konjugation der beiden Hilfsverben im Präteritum:

	Infinitiv	sein	haben
Singular	ich	war	hatte
	du	warst	hattest
	er, sie, es	war	hatte
Plural	wir	waren	hatten
	ihr	wart	hattet
	sie	waren	hatten

Das Vollverb steht im Plusquamperfekt genau wie im Perfekt immer im Partizip II, auch Partizip Perfekt genannt. Die Bildung des Partizip II kennen Sie bereits. Die Bildung des Partizip II unterscheidet sich bei regelmäßigen und unregelmäßigen Verben:

Regelmäßige Verben (zeigen, weinen, lieben, rennen):

z. B. **gezeigt, geweint, geliebt, gerannt etc.**

Regelmäßige Verben auf **-t, -d, -m** und **-n** (arbeiten, warten, trocknen, atmen):

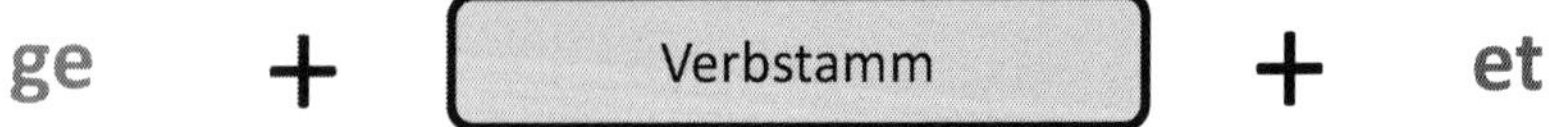

z. B. **gearbeitet, gewartet, getrocknet, geatmet etc.**

Regelmäßige Verben auf **-ieren** (studieren, passieren):

z. B. **( )studiert, ( )fotografiert, ( )passiert etc.**

Unregelmäßige Verben (fahren, laufen, sehen):

ge + Verbstamm + en

z. B. **gefahren, gelaufen, gesehen etc.**

Vorsicht, bei einigen unregelmäßigen Verben ändert sich auch der Wortstamm. z. B. **gesungen, getrunken, geworfen, genommen** etc.

Im Folgenden ein Beispiel für die Konjugation eines regelmäßigen Verbs im Plusquamperfekt:

	Infinitiv	lernen
Singular	ich	hatte gelernt
	du	hattest gelernt
	er, sie, es	hatte gelernt
Plural	wir	hatten gelernt
	ihr	hattet gelernt
	sie	hatten gelernt

Übung 26

Wandeln Sie die Sätze in die Zeitform des Plusquamperfekts um (Lösung s. Kapitel „Lösungen"):

	Plusquamperfekt
Sie ist gelaufen.	
Karl wird arbeiten gehen.	
Wir vermissen unseren Hund	
Sie spielen ein Spiel.	
Ihr werdet das Kind retten.	
Du hast zwei Katzen.	
Ich bin ein großer Fan.	
Er wird seine Katze lieben.	
Wir haben einen Garten.	
Es wird regnen.	
Ihr seid gewandert.	

1) **Zukünftige Ereignisse**
   z. B. Morgen wird es regnen.

2) **Vermutungen über die Gegenwart**
   z. B. Lisa wird schon längst in der Schule sein.

3) **Voraussagen über die Zukunft**
   z. B. Bis nächstes Jahr wird sie geheiratet haben.

4) **Versprechen für die Zukunft**
   z. B. Nächstes Jahr fahre ich mit in den Urlaub.

5) **Befehle erteilen**
   z. B. Du wirst jetzt sofort deine Hausaufgaben machen.

6) **Drohungen**
   z. B. Das wirst du noch bereuen.

Die Zeitform für die Zukunft im Deutschen nennt man Futur. Sie drückt aus, dass ein Ereignis in der Zukunft passiert. Das Futur I wird also genutzt, um über Handlungen und Ereignisse in der Zukunft zu sprechen. In sechs verschiedenen Situationen wird das Futur I verwendet:

Die Bildung des Futur I

Auch das Futur I ist eine zusammengesetzte Zeitform. Es besteht ebenfalls aus zwei Teilen:

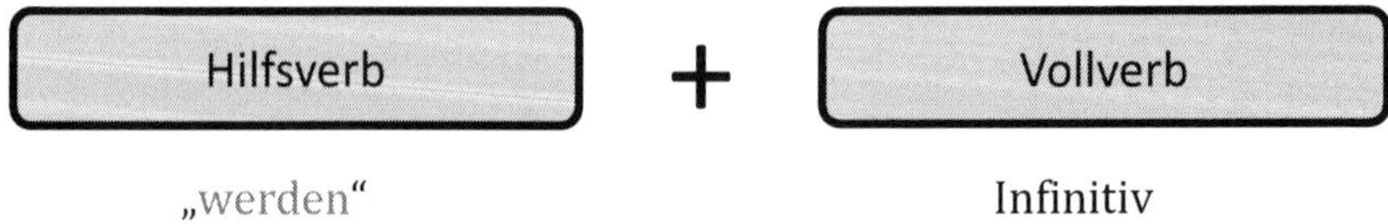

Das Hilfsverb „werden" wird an das Substantiv angepasst, also entsprechend konjugiert und in der Präsensform verwendet. Im Folgenden die Konjugation des Verbs „werden" in der Präsensform:

	Infinitiv	werden
Singular	ich	werde
	du	wirst
	er, sie, es	wird
Plural	wir	werden
	ihr	werdet
	sie	werden

Wie der Infinitiv von Verben aussieht, können Sie dem Kapitel „Verben" entnehmen.

Im Folgenden ein Beispiel für die Konjugation eines regelmäßigen Verbs im Futur I:

	Infinitiv	schreiben
Singular	ich	werde schreiben
	du	wirst schreiben
	er, sie, es	wird schreiben
Plural	wir	werden schreiben
	ihr	werdet schreiben
	sie	werden schreiben

Übung 27

Wandeln Sie die Sätze in die Zeitform des Futur I um (Lösung s. Kapitel Lösungen):

	Futur I
Sie ist gelaufen.	
Karl ist arbeiten gegangen.	
Wir vermissen unseren Hund.	
Sie spielen ein Spiel.	
Ihr habt das Kind gerettet.	
Du hast zwei Katzen.	
Ich bin ein großer Fan.	
Er hat seine Katze geliebt.	
Wir haben einen Garten.	
Es hat geregnet.	
Ihr seid gewandert.	

Das Futur II ist ebenfalls eine Zeitform der Zukunft und wird auch *vollendete Zukunft* genannt. Diese Zeitform beschreibt Ereignisse, die in der Zukunft abgeschlossen sein werden. Das Futur II kann in folgenden Situationen verwendet werden:

1) **in der Zukunft abgeschlossene Handlungen**
   z. B. In 100 Jahren werden Menschen eine künstliche Intelligenz entwickelt haben.

2) **Vermutung über etwas in der Vergangenheit**
   z. B. Sie hat keinen Durst. Sie wird wahrscheinlich schon etwas getrunken haben.

Die Bildung des Futur II

Auch das Futur II ist eine zusammengesetzte Zeitform. Es besteht aus drei unterschiedlichen Teilen:

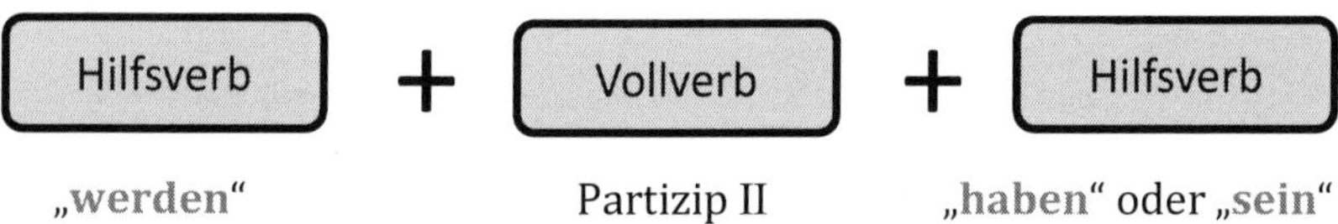

„**werden**" Partizip II „**haben**" oder „**sein**"

Das Hilfsverb „werden" wird wie bei der Zeitform Futur I an das Substantiv in der Präsensform angepasst. Im Folgenden die Konjugation von „werden" im Präsens:

	Infinitiv	werden
Singular	ich	werde
	du	wirst
	er, sie, es	wird
Plural	wir	werden
	ihr	werdet
	sie	werden

Das Vollverb wird im Partizip II verwendet. Die Bildung des Partizip II unterscheidet sich bei regelmäßigen und unregelmäßigen Verben:

Regelmäßige Verben (zeigen, weinen, lieben, rennen):

z. B. ge**zeig**t, ge**wein**t, ge**lieb**t, ge**rann**t **etc.**

Regelmäßige Verben auf **-t**, **-d**, **-m** und **-n** (arbeiten, warten, trocknen, atmen):

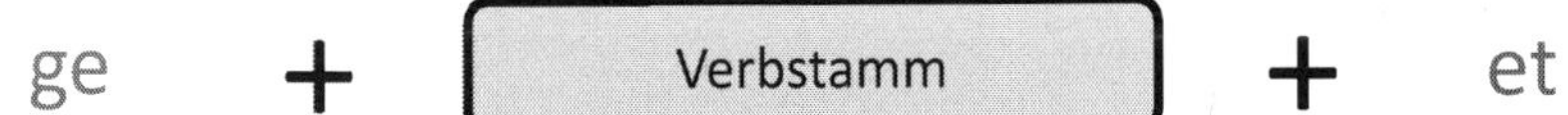

z. B. ge**arbeit**et, ge**wart**et, ge**trockn**et, ge**atm**et **etc.**

Regelmäßige Verben auf **-ieren** (studieren, passieren):

z. B. ( )**studier**t, ( )**fotografier**t, ( )**passier**t **etc.**

Unregelmäßige Verben (fahren, laufen, sehen):

z. B. ge**fahr**en, ge**lauf**en, ge**seh**en **etc.**

Vorsicht, bei einigen unregelmäßigen Verben ändert sich auch der Wortstamm.

z. B. gesungen, getrunken, geworfen, genommen etc.

Das zweite Hilfsverb „haben“ oder „sein“ wird im Infinitiv benutzt. Im Folgenden ein Beispielsatz:

z. B. Im Februar nächstes Jahr **werde** ich bereits Geburtstag **gehabt haben**.

Im Folgenden ein Beispiel für die Konjugation eines regelmäßigen Verbs im Futur II:

	Infinitiv	schreiben
Singular	ich	werde geschrieben haben
	du	wirst geschrieben haben
	er, sie, es	wird geschrieben haben
Plural	wir	werden geschrieben haben
	ihr	werdet geschrieben haben
	sie	werden geschrieben haben

Übung 28

Wandeln Sie die Sätze in die Zeitform des Futur II um (Lösung s. Kapitel „Lösungen“):

	Futur II
Sie ist gelaufen.	
Karl ist arbeiten gegangen.	
Wir vermissen unseren Hund.	
Sie spielen ein Spiel.	
Ihr habt das Kind gerettet.	
Du hast zwei Katzen.	
Ich bin ein großer Fan.	
Er hat seine Katze geliebt.	
Wir haben einen Garten.	
Es hat geregnet.	
Ihr seid gewandert.	

HANDLUNGSRICHTUNGEN UND UNTERSCHIEDLICHE VERBFORMEN

Aktiv und Passiv

Aktiv und Passiv sind zwei Verbformen im Deutschen. Im Aktiv gibt es immer einen Täter, also jemanden, der eine Handlung ausführt und damit aktiv handelt. Innerhalb des Satzbaus nennt man den Täter auch Subjekt. Die Sache, an der oder mit der der Täter seine Handlung ausführt, ist das Objekt des Satzes. Das Objekt handelt nicht selbst, es steht also im Passiv.

Das Aktiv ist die häufiger verwendete Form der beiden Verbformen. Es wird benutzt, um zu betonen, wer etwas tut.

z. B. Die Mutter bringt ihre Kinder zur Schule.

In dem Beispiel liegt die Betonung darauf, wer die Kinder zur Schule bringt, nämlich die Mutter.

Benutzt man die Passivform, so steht die Handlung oder der Zustand im Mittelpunkt. Wer die Handlung ausführt, ist im Passiv meist unbekannt, unwichtig oder wird als allgemein bekannt vorausgesetzt.

z. B. Die Kinder werden (von der Mutter) zur Schule gebracht.

Man kann an dem Bespiel sehen, dass bei der Umwandlung des Aktivs in Passiv das Objekt (die Kinder), mit dem im Aktiv-Satz etwas getan wird, im Passiv-Satz zum Subjekt wird und an den Satzanfang rutscht. Im Passiv ist es eher irrelevant, wer die Handlung ausführt.

Aktiv und Passiv können in allen Zeitformen benutzt werden. Im Folgenden eine Übersicht über die Zeiten und wie sie sich im Aktiv und Passiv verändern:

Bildung des Passivs, wenn das Aktiv im **Präsens** steht:

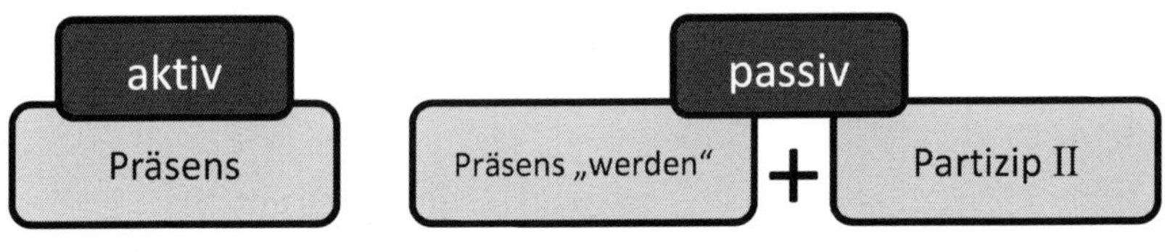

		aktiv	passiv
Singular	ich	fahre	werde gefahren
	du	fährst	wirst gefahren
	er, sie, es	fährt	wird gefahren
Plural	wir	fahren	werden gefahren
	ihr	fahrt	werdet gefahren
	sie	fahren	werden gefahren

Bildung des Passivs, wenn das Aktiv im **Perfekt** steht:

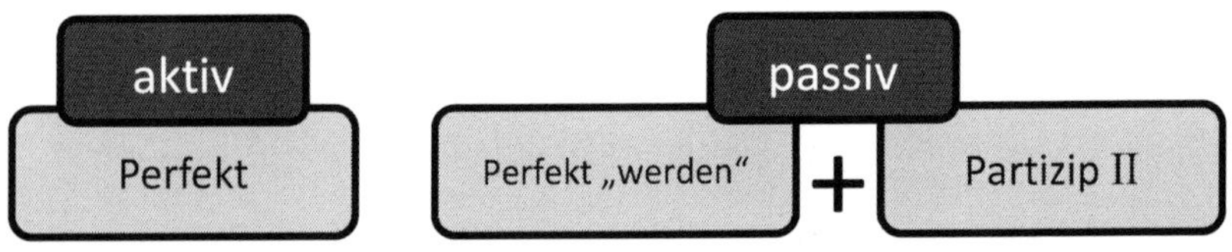

		aktiv	passiv
Singular	ich	bin gefahren	bin gefahren worden
	du	bist gefahren	bist gefahren worden
	er, sie, es	ist gefahren	ist gefahren worden
Plural	wir	sind gefahren	sind gefahren worden
	ihr	seid gefahren	seid gefahren worden
	sie	sind gefahren	sind gefahren worden

Bildung des Passivs, wenn das Aktiv im **Präteritum** steht:

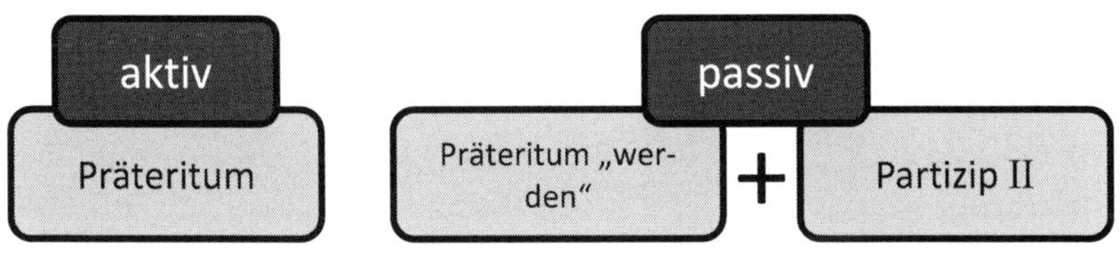

		aktiv	passiv
Singular	ich	fuhr	wurde gefahren
	du	fuhrst	wurdest gefahren
	er, sie, es	fuhr	wurde gefahren
Plural	wir	fuhren	wurden gefahren
	ihr	fuhrt	wurdet gefahren
	sie	fuhren	wurden gefahren

Bildung des Passivs, wenn das Aktiv im **Plusquamperfekt** steht:

		aktiv	passiv
Singular	ich	war gefahren	war gefahren worden
	du	warst gefahren	warst gefahren worden
	er, sie, es	war gefahren	war gefahren worden
Plural	wir	waren gefahren	waren gefahren worden
	ihr	wart gefahren	wart gefahren worden
	sie	waren gefahren	waren gefahren worden

Bildung des Passivs, wenn das Aktiv im **Futur I** steht:

		aktiv	passiv
Singular	ich	werde fahren	werde gefahren werden
	du	wirst fahren	wirst gefahren werden
	er, sie, es	wird fahren	wird gefahren werden
Plural	wir	werden fahren	werden gefahren werden
	ihr	werdet fahren	werdet gefahren werden
	sie	werden fahren	werden gefahren werden

Bildung des Passivs, wenn das Aktiv im **Futur II** steht:

		aktiv	passiv
Singular	ich	werde gefahren sein	werde gefahren worden sein
	du	wirst gefahren sein	wirst gefahren worden sein
	er, sie, es	wird gefahren sein	wird gefahren worden sein
Plural	wir	werden gefahren sein	werden gefahren worden sein
	ihr	werdet gefahren sein	werdet gefahren worden sein
	sie	werden gefahren sein	werden gefahren worden sein

Übung 29

Wandeln Sie die Sätze in das Passiv oder Aktiv um und andersherum (Lösung s. Kapitel Lösungen):

aktiv	passiv
sie wird suchen	
ich habe geliebt	
ihr trugt	
du verlässt	
sie haben getragen	
er liebte	
ihr schlagt	
	ihr werdet gemalt worden sein
	er wird gefahren werden
	sie wurde gebracht
	ich werde geliebt
	wir wurden verlassen
	ich bin getragen worden

Konjunktiv I

Mit dem Konjunktiv können Wünsche geäußert werden, aber er wird beispielsweise auch benutzt, um das Gesagte von jemandem wiederzugeben (= indirekte Rede).

Es gibt den **Konjunktiv I** und den **Konjunktiv II**.

Der Konjunktiv I wird vorwiegend bei der indirekten Rede benutzt, also wenn man das Gesagte einer anderen Person wiedergeben möchte.

z. B. Sie sagte, sie wisse nicht, wo die Kirche ist.

Die Bildung des **Konjunktiv I**:

Im Folgenden einige Beispiele zur Bildung des Konjunktiv I:

	Infinitiv	spielen	kommen	reisen	sein
Singular	ich	spiele	lerne	reise	sei
	du	spielest	lernest	reisest	seist
	er, sie, es	spiele	lerne	reise	sei
Plural	wir	spielen	lernen	reisen	seien
	ihr	spielet	lernet	reiset	seiet
	sie	spielen	lernen	reisen	seien

Es ist üblich, das Verb „sein" in allen Formen des Konjunktiv I zu benutzen. Wie das Beispiel aber zeigt, sind bei vielen Verben die Konjunktiv I-Formen nur schwer von den Indikativ-Formen des Präsens zu unterscheiden. Deshalb wird der Konjunktiv I häufig nur in der 3. Person Singular verwendet. Man kann dann allerdings auch den Konjunktiv II nutzen.

In folgenden Situationen wird der Konjunktiv I verwendet:

1) **Indirekte Aussagen**
   sinngemäße Wiedergabe einer fremden Aussage
   z. B. Lisa sagte mir, sie sei gerade unterwegs.

2) **Feste Redewendungen**
   z. B. Hoch lebe das Geburtstagskind.

Konjunktiv II

Der Konjunktiv II wird vorwiegend für die Beschreibung irrealer, also unwirklicher Situationen benutzt.

z. B. Ich wäre jetzt gerne im Urlaub.

Der Konjunktiv II kann im **Präsens** oder im **Präteritum** stehen.

Die Bildung des Konjunktiv II im **Präsens**:

Bei unregelmäßigen Verben gibt es zudem noch eine Besonderheit. Enthält der Verbstamm im Präteritum ein „a“, „o“ oder „u“, so werden diese Vokale zu einem Umlaut, also „ä“, „ö“ und „ü“. Man muss sich also zunächst überlegen, wie die Vergangenheitsform des entsprechenden Verbs aussieht und ob es sich um ein regelmäßiges oder unregelmäßiges Verb handelt.

	Infinitiv	spielen	lernen	reisen
Verb-stamm	Präteritum	spielt	lernt	reist
Singular	ich	spielte	lernte	reiste
	du	spieltest	lerntest	reistest
	er, sie, es	spielte	lernte	reiste
Plural	wir	spielten	lernten	reisten
	ihr	spieltet	lerntet	reistet
	sie	spielten	lernten	reisten

	Infinitiv	kommen	bringen	trinken
Verb-stamm	Präteritum	kam	bracht	trank
Singular	ich	käm*e*	brächt*e*	tränk*e*
	du	käm*est*	brächt*est*	tränk*est*
	er, sie, es	käm*e*	brächt*e*	tränk*e*
Plural	wir	käm*en*	brächt*en*	tränk*en*
	ihr	käm*et*	brächt*et*	tränk*et*
	sie	käm*en*	brächt*en*	tränk*en*

Der Tabelle sind die ***Endungen*** des Konjunktivs II zu entnehmen. Man kann sehen, dass sie sich für regelmäßige und unregelmäßige Verben nicht unterscheiden. In der zweiten Zeile sind einige unregelmäßige Verben aufgeführt. Hier kann man sehen, dass sich der **Vokal** des Verbstamms in der Vergangenheit zu einem **Umlaut** ändert.

Die Bildung des Konjunktiv II im **Präteritum**:

Die Bildung des Präteritums des Konjunktivs II setzt sich wie folgt zusammen:

Konjunktiv II von „haben" oder „sein" + Partizip II

Die Bildung der Vergangenheitsform des Konjunktiv II ist dahingehend einfacher, als dass man nur die Konjunktiv-Form von „haben" oder „sein" bilden muss. Diese können der folgenden Tabelle entnommen werden:

	Infinitiv	sein	haben
Verb-stamm	Präteritum	**war**	**hat**
Singular	ich	**wäre**	**hätte**
	du	**wärst**	**hättest**
	er, sie, es	**wäre**	**hätte**
Plural	wir	**wären**	**hätten**
	ihr	**wäret**	**hättet**
	sie	**wären**	**hätten**

Die Bildung des Partizip II unterscheidet sich bei regelmäßigen und unregelmäßigen Verben:

Regelmäßige Verben (zeigen, weinen, lieben, rennen):

z. B. **gezeigt, geweint, geliebt, gerannt etc.**

Regelmäßige Verben auf **-t, -d, -m** und **-n** (arbeiten, warten, trocknen, atmen):

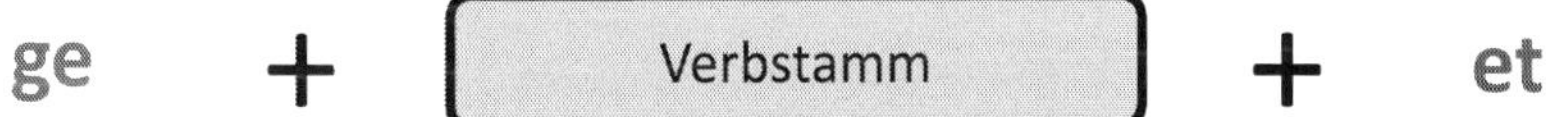

z. B. **gearbeitet, gewartet, getrocknet, geatmet etc.**

Regelmäßige Verben auf **-ieren** (studieren, passieren):

\- + Verbstamm + t

z. B. **( )studiert, ( )fotografiert, ( )passiert etc.**

Unregelmäßige Verben (fahren, laufen, sehen):

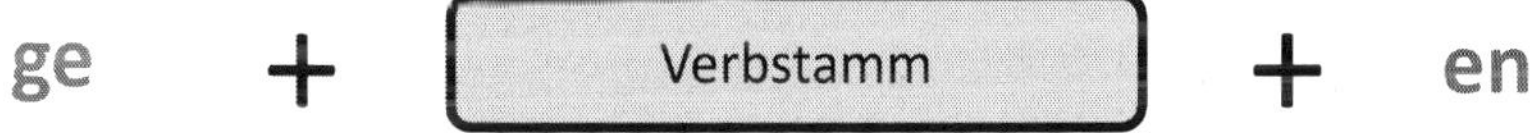

z. B. **gefahren, gelaufen, gesehen etc.**

> Vorsicht, bei einigen unregelmäßigen Verben ändert sich auch der Wortstamm.
>
> z. B. **gesungen, getrunken, geworfen, genommen etc.**

In folgenden Situationen wird der Konjunktiv II verwendet:

1) **Irreale Wünsche oder Aussagen**
   z. B. Ich wünschte, ich **wäre** im Urlaub.

2) **Höfliche Frage**
   z. B. **Wärst** du so freundlich und gibst mir die Butter?

3) **Vermutungen, Staunen oder Zweifel ausdrücken**
   z. B. Das **hätte** ich nie von dir gedacht.

Zeichensetzung

Unter Zeichensetzung versteht man das Setzen von Satzzeichen in einem geschriebenen Text. Satzzeichen haben die Funktion, einen Text zu strukturieren und diesen somit leichter verständlich zu machen. Satzzeichen sollen das lesen eines Textes vereinfachen. Dabei unterscheidet man zwischen Satzschlusszeichen, also solche, die einen Satz beenden, und Satzzeichen, die innerhalb eines Satzes vorkommen können. Auch die Zeichensetzung folgt bestimmten Regeln, die im Folgenden genauer erläutert werden.

PUNKTSETZUNG

Satzende

Punkte sind ein **neutrales** Satzschlusszeichen. Sie stehen grundsätzlich nach einem Satz, einer Satzreihe oder einem Satzgefüge. Sollte es sich also nicht um eine Frage, einen Ausrufesatz oder sonstige Sätze, bei denen ein anderes Satzschlusszeichen verlangt wird, handeln, ist der Punkt immer das Mittel der Wahl, um einen Satz als beendet zu markieren.

Es gibt allerdings auch hier wieder einige Ausnahmen. So setzt man einen Punkt z. B. nicht bei freistehenden Zeilen, wie Überschriften oder Titeln. Aber auch bei Anschriften in Briefen, Datumszeilen oder Grußzeilen mit Unterschrift wird kein Punkt gesetzt.

z. B. Mit freundlichen Grüßen, Viele Grüße, Berlin, den 25.07.21

Aufzählungen

Zählt man eine Reihe von Dingen in einem Text auf, so werden die einzelnen Elemente durch Kommas getrennt. Vor dem letzten Element einer Aufzählung steht in der Regel kein Komma mehr und der Punkt am Ende des Satzes beendet sowohl die Aufzählung als auch den Satz an sich in seiner Funktion als Satzschlusszeichen.

z. B. Jens bringt Karotten, Gurken, Käse und Wurst mit.

Abkürzungen

Nach bestimmten Abkürzungen steht ein Punkt. Diese Abkürzungen sind genau festgelegt und werden in der gesprochenen Sprache meistens durch den kompletten Ausdruck ersetzt. Zu den häufigsten Abkürzungen mit Punkt gehören:

z. B. usw. (und so weiter), bzw. (beziehungsweise), z. T. (zum Teil), zz. (zurzeit), i. d. R. (in der Regel), z. B. (zum Beispiel), Dr. (Doktor)

Bei Maßeinheiten in der Naturwissenschaft, Himmelsrichtungen und Währungen wird grundsätzlich kein Punkt gesetzt.

z. B. kg (Kilogramm), m (Meter), NW (Nordwest), S (Süd), € (Euro), NZ $ (Neuseeland-Dollar)

Auch Initialwörter, die auf den Anfangsbuchstaben der jeweiligen Vollformen beruhen, werden nicht mit einem Punkt abgekürzt.

z. B. BNatSchG (Bundesnaturschutzgesetz), TÜV (Technischer Überwachungs-Verein)

Es gibt aber auch einige Abkürzungen, bei denen beides möglich ist.

z. B. Co oder Co. (Kompanie)

Stehen Abkürzungen mit einem Punkt am Satzende, so ist der Punkt der Abkürzung auch gleichzeitig das Satzschlusszeichen, es werden nicht zwei Punkte hintereinander gesetzt.

Auslassungspunkt

Drei Punkte in Folge werden als Auslassungspunkte bezeichnet. Sie zeigen, wie der Name schon sagt, an, dass etwas in einem Wort, in einem Satz oder sogar in einem Text weggelassen worden ist. In wissenschaftlichen Texten wird dies bei der Zitierung noch zusätzlich durch eine eckige Klammer um die drei Punkte [...] verdeutlicht.

Stehen die Auslassungspunkte am Satzende, so ersetzen sie den Punkt als Satzschlusszeichen. Es bleibt also bei den drei Punkten am Ende eines Satzes. Ein vierter Punkt als Satzschlusszeichen wird nicht hinzugefügt.

z. B. Am Dienstag habe ich sehr viel gelernt, aber heute...

KOMMASETZUNG

Das Komma ist kein Satzschlusszeichen. Es ist ein Satzzeichen, welches innerhalb von Satzreihen und Satzgefügen benutzt wird, um Satzteile voneinander abzugrenzen. Durch das Setzen von Kommas wird das Lesen und Verstehen eines Textes enorm erleichtert. Setzt man das Komma an die falsche Position, kann das im schlimmsten Fall sogar die Bedeutung des Satzes ändern. Deshalb werden im Folgenden die Regeln zur Kommasetzung genauer beschrieben.

Haupt- und Nebensätze

Bildet man Satzreihen oder Satzgefüge, also sogenannte verschachtelte Sätze, so müssen zum besseren Verständnis der einzelnen Satzteile Kommas gesetzt werden.

Nebensätze werden durch ein Komma von übergeordneten Hauptsätzen abgegrenzt. Dabei ist es egal, um wie viele Nebensätze es sich handelt, die Nebensätze müssen nur alle dem gleichen Hauptsatz untergeordnet sein.

z. B. Die Mutter kocht das Essen für die Kinder, da sie Hunger haben.

Auch zwei aufeinanderfolgende Hauptsätze, die verbunden werden sollen, müssen immer durch ein Komma getrennt werden.

z. B. Lisa spielt mit den anderen Kindern, sie lacht dabei.

Konjunktionen spielen bei der Trennung von Haupt- und Nebensatz oder Haupt- und Hauptsatz eine wichtige Rolle. Sie verbinden die beiden Satzarten miteinander und zeigen somit an, dass ein Komma gesetzt werden muss.

Aber Vorsicht! Man muss unterscheiden zwischen *vergleichenden* und *entgegengesetzten* Konjunktionen. Wie der Name schon sagt, vergleichen die vergleichenden Konjunktionen die Inhalte der beiden Sätze. Bei ihnen sollte in der Regel kein Komma gesetzt werden. Dazu zählen z. B. „**und**“ oder „**sowie**“.

Aufzählung

Bei Aufzählungen muss immer ein Komma gesetzt werden. Dabei ist es nicht wichtig, ob es sich nur um einzelne Wörter oder ganze Wortgruppen handelt. Die unterschiedlichen Elemente, die aufgezählt werden, müssen immer durch das Komma getrennt werden. Dabei ist es wichtig, dass vor das letzte Element der Aufzählung kein Komma mehr kommt. Der Punkt beendet den Satz und damit dann auch die Aufzählung.

z. B. Er bringt zum Brunch Käse, Wurst, Tomaten, Brot und Saft mit.

Um eine Aufzählung etwas aufzulockern oder Sinneinheiten miteinander zu verbinden, kann man auch während einer Aufzählung ein „und" zwischen zwei Elementen benutzen, wenn diese zusammen gehören. Auch dann ist kein Komma notwendig.

z. B. Er bringt zum Brunch Käse, Wurst, Tomaten und Gurken, Brot, Saft und Sekt mit.

Apposition

Eine Apposition ist ein Substantiv oder eine Gruppe von Substantiven, die ein anderes Substantiv näher beschreiben. Bei Appositionen muss besonders auf die richtige Kommasetzung geachtet werden, da man sonst die Sätze nicht richtig verstehen kann. Appositionen werden behandelt wie Einschübe, d. h., wenn die Apposition in der Mitte des Satzes steht, so wird sie am Anfang und am Ende durch ein Komma von dem restlichen Satz abgetrennt.

z. B. Bruno, der Hund des Nachbarn, ist oft allein zu Hause.

Die Apposition kann aber auch am Satzende stehen. Dann wird sie durch ein Komma von dem Rest des Satzes abgetrennt.

z. B. Ich kaufe mir eine Hose, eine Jeans.

Orts- und Datumsangaben

Wenn Datumsangaben, Ortsangaben oder beides in Kombination miteinander auftreten, so gibt es genaue Regeln, wann ein Komma gesetzt werden muss und wann nicht. Ein Komma muss gesetzt werden bei:

- Datumsangaben mit Wochentag: z. B. Sonntag, den 20.10.21
- Datum in Kombination mit Uhrzeit: z. B. Samstag, 19.05., 15 Uhr
- Mehrteiligen Ortsangaben: z. B. Steinstr. 6, Berlin
- Ort und Datum in Kombination: z. B. Frankfurt, den 03.05.21

Anrede und Ausrufe

Man kann Ausrufe und Stellungnahmen verwenden, um eine Aussage lebendiger zu machen. Diese müssen allerdings dann mit Kommas vom restlichen Satz abgetrennt werden. Dazu zählen:

- Ausrufe: z. B. Prima, jetzt kann es losgehen.
- Bejahungen/Verneinungen: z. B. Ja, ich bin da.
- Anreden: z. B. Sei vorsichtig, Lisa!

Wörtliche Rede

Die wörtliche Rede besteht immer aus einem **Begleitsatz** und dem tatsächlich Gesagten einer Person. Je nachdem, ob der Begleitsatz vor, nach oder inmitten des Gesagten steht, gibt es spezielle Regeln, wo das Komma zu setzen ist.

Steht der Begleitsatz vor der wörtlichen Rede, so ist nichts weiter zu beachten, da in dieser Kombination kein Komma gesetzt wird.

z. B. **Peter sagt**: „Ich bin müde."

Steht allerdings die wörtliche Rede vor dem Begleitsatz, sind also die Positionen getauscht, so wird der Begleitsatz von der wörtlichen Rede mit einem Komma abgetrennt.

z. B. „Ich bin müde", **sagte Peter.**

Die dritte Möglichkeit ist, dass der Begleitsatz inmitten der wörtlichen Rede steht. Hier wird der Begleitsatz wie ein Einschub behandelt und sowohl vorne als auch hinten mit einem Komma von der wörtlichen Rede abgetrennt.

z. B. „Ich", **sagte Peter**, „bin müde".

Adjektivgruppen

Benutzt man vor einem Substantiv mehrere Adjektive, um dieses zu beschreiben, so wird nur in manchen Fällen ein Komma zwischen die Adjektive gesetzt. Um das herauszufinden, muss man prüfen, ob die Adjektive gleichwertig sind. Bei gleichwertigen Adjektiven wird nämlich ein Komma gesetzt, bei nicht gleichwertigen Adjektiven nicht.

z. B. Ich habe eine schnelle, günstige Internetverbindung.

Man kann prüfen, ob die Adjektive in dem Beispiel gleichwertig sind, indem man ein „und" zwischen die beiden Adjektive setzt. Macht der Satz auch mit dem „und" noch Sinn, so sind die Adjektive gleichwertig. Das ist im ersten Beispiel der Fall: „Ich habe eine schnelle und günstige Internetverbindung" macht durchaus Sinn. Die Adjektive sind also gleichwertig und werden durch ein Komma getrennt. Im Folgenden ein Beispiel für nicht gleichwertige Adjektive. Es wird kein Komma gesetzt.

z. B. Die Schuhe sind schön gelb.

Partizipgruppen

Ein Partizip ist ein Mittelwort zwischen Verb und Adjektiv. Man kann es als Partizip I, dem gegenwärtigem Partizip, oder auch als Partizip II, dem vergangenen Partizip, benutzen. Partizipgruppen können durch ein Komma abgetrennt werden. Wird die Partizipgruppe als Einschub in einen Satz eingeschoben, kann man entweder zwei Kommas an Anfang und Ende des Einschubs oder gar kein Komma setzen.

z. B. Sie starten, gesättigt und gestärkt, ihre Wanderung.

In drei Fällen muss allerdings ein Komma gesetzt werden:

- Partizipgruppe wird angekündigt
  - z. B. Genau so, lachend und gut gelaunt, empfängt sie uns.
- Partizipgruppe folgt erklärend auf ein Substantiv oder Pronomen
  - z. B. Er, lächelnd, begrüßt alle ganz freundlich.
- Partizipgruppe steht als Nachtrag am Satzende
  - z. B. Sie öffnet uns die Tür, lachend und gut gelaunt.

Einschübe im Satz

Zusätze und Einschübe liefern weitere Erklärungen oder geben Informationen zu Vergangenem. Man kann demnach auch einen Satz in einen anderen Satz einschieben, das wird auch als Parenthese bezeichnet. Dabei wird der Einschub in Kommas gesetzt, sowohl am Anfang als auch am Ende.

z.B. Sie spielt mit Lukas, der letzte Woche sehr krank war, ein Spiel.

Übung 30

Setzen Sie in dem folgenden Text die Kommas (Lösung s. Kapitel „Lösungen"):

Das Fußballturnier
Heute ist es endlich so weit mein großes Fußballturnier steht an. Ich habe so viel trainiert Abwehr Angriff sogar 11-Meter-Schießen. „Du wirst heute richtig gut spielen" sagte mir auch meine Mutter. Ich bin so aufgeregt sodass mich meine Mutter schon eine Stunde früher zu dem Turnier fahren muss. Prima da ist schon mein bester Freund. Ich kenne Niklas schon seit ich ganz klein bin er kommt aus der Nachbarschaft. Vor seinem Vater der Polizist ist habe ich immer etwas Respekt. Aber zurück zum Turnier. Wir werden heute vier Spiele haben und wenn wir unter die ersten Zwei kommen dann sogar noch ein Drittes. Ich bin bereit mein Bestes zu geben.

SONDERZEICHEN

Ausrufezeichen am Satzende

Ausrufezeichen sind genau wie der Punkt oder das Fragezeichen sogenannte Satzschlusszeichen. Das Ausrufezeichen beendet einen Satz und hebt diesen besonders hervor. Soll ein Satz besonders betont werden und eindringlich wirken, so wird er mit einem Ausrufezeichen versehen. Man sollte jedoch beachten, dass viele Ausrufezeichen am Satzende in einem Text die Wirkung verlieren. Man sollte also dieses Satzzeichen mit Bedacht einsetzen.

Ausrufezeichen werden in den folgenden Situationen verwendet:

1) **Um Nachdruck zu verleihen**
   z. B. Guten Morgen!, Ruhe!

2) **In Aufforderungssätzen**
   z. B. Mach jetzt endlich deine Arbeit!

3) **In Wunschsätzen**
   z. B. Hätten wir doch den Urlaub gemacht!

4) **In Ausrufesätzen**
   z. B. Pass auf!, Ich kann das nicht!

5) **Bei freistehenden Zeilen**
   z. B. Nach einer Anrede (nicht formal), in Überschriften

Allerdings kann bei Aufforderungen, die ohne besonderen Nachdruck geäußert werden sollen, auch einfach ein Punkt am Ende des Satzes verwendet werden. Das Gleiche gilt bei Wunschsätzen, wenn die Dringlichkeit des Wunsches nicht hervorgehoben werden soll. Ausrufezeichen in Klammern können in Texten verwendet werden, um Aussagen hervorzuheben und eventuelle Zweifel daran zu verdeutlichen.

Ein Ausrufezeichen kann ebenfalls mit einem Fragezeichen kombiniert werden. Hier macht man dann aus einer Frage zugleich einen Ausruf.

z. B. Was soll das?!

Ausrufezeichen nach Interjektionen

Eine Interjektion, auch Ausrufewort oder Empfindungswort, ist ein Wort, welches in der Regel keine Bedeutung hat, aber eine Emotion und Empfindungen des Sprechers ausdrückt. Es ist meistens eine Aufforderung oder steht für eine Kontaktaufnahme. Interjektionen werden nicht verändert, also nicht konjugiert oder an beispielsweise ein Substantiv angepasst. Im Folgenden einige Beispiele für Interjektionen:

z. B. hey!, huch!, peng!, mist!

Die Beispiele zeigen, für was die Interjektionen stehen. Es sind keine Wörter im eigentlichen Sinne, aber jede Interjektion bringt eine Emotion oder eine Empfindung rüber, die auch je nach Betonung stark variieren kann. So kann ein „hey“ z. B. ein „hallo“ zur Kontaktaufnahme sein, aber auch ein warnendes „hey“, etwas zu unterlassen.

Diese Wortart wird in der Regel mit einem Ausrufezeichen versehen, da es sich um einen Ausruf handelt, der betont werden soll. Ohne das Ausrufezeichen nach den Interjektionen hätten diese wenig Wirkung.

Fragezeichen am Satzende

Auch das Fragezeichen ist ein Satzschlusszeichen. Es wird benutzt, um einen Satz als Frage deutlich zu machen, und beendet den Satz. Das Fragezeichen kann aber auch in freistehenden Zeilen, wie z. B. in Überschriften oder Titeln, verwendet werden.

Ein eingeklammertes Fragezeichen in einem Text kann verwendet werden, um eine Textaussage anzuzweifeln. Man macht hier den Leser aufmerksam, dass man mit einer Aussage nicht einverstanden ist oder diese nicht versteht.

Wie bereits im Kapitel „Ausrufezeichen“ beschrieben, können Fragezeichen und Ausrufezeichen in Kombination verwendet werden. Hier macht man dann aus einer Frage zugleich einen Ausruf.

z. B. Was soll das?!

Aneinandergereihte Fragen können durch Kommas getrennt werden. Hier wird dann nur nach der letzten Frage ein Fragezeichen gesetzt.

z. B. Wie denn, was denn?

Fragezeichen nach Fragewörtern

Mit den Fragewörtern kann man eine Ergänzungsfrage stellen. Das bedeutet, dass der Fragende weiterführende Informationen zu einem Sachverhalt möchte. Man kann eine Ergänzungsfrage mit Fragewort nicht nur mit ja oder nein beantworten, sondern muss weitere Ergänzungen geben. Jede sogenannte W-Frage erfüllt einen besonderen Zweck, so kann man z. B. nach einem Ort, nach einer Zeitangabe oder nach dem Grund für eine Handlung fragen. Das Fragewort befindet sich immer am Satzanfang, der Satz wird dann beendet mit dem Fragezeichen. Man kann aber auch direkt nach dem Fragewort das Fragezeichen setzen, wenn nur durch das Fragewort klar wird, was man fragen möchte.

z. B. Warum?

z. B. Warum hast du das gemacht?

Man kann an dem Beispiel sehen, dass ein Fragewort mit einem Fragezeichen ausreichen kann, um weiterführende Informationen zu bekommen, wenn die Frage klar ist. Ansonsten muss man das Fragewort ergänzen und eine komplette Frage stellen.

Einige W-Fragen wurden bereits in dem Kapitel zu den vier Fällen behandelt. Weitere W-Fragen können sein:

z. B. wo?, warum?, wer?, wann?, wohin? etc.

Semikolon

Das Semikolon wird auch als Strichpunkt bezeichnet und lässt sich hinsichtlich seiner Funktion zwischen einem Komma und einem Punkt einordnen. Es ist stärker wie ein Komma, aber schwächer wie ein Punkt. Generell kommt das Semikolon in der deutschen Sprache eher weniger zum Einsatz. In folgenden Situationen kann dennoch ein Semikolon verwendet werden:

1) In Aufzählungen
   zum Abgrenzen von Sinneinheiten
   z. B. Sie brachte Tomaten und Gurken; Schinken, Salami und Käse; Wein und Saft.

2) Um Sätze voneinander zu trennen
   Wichtig! Die Sätze müssen gleichrangig sein
   z. B. Lisa liebt Hunde; Jens dagegen mag Katzen lieber.

3) In Verbindung mit Konjunktionen oder Adverben
   z. B. Sarah hat den Bus verpasst; doch sie kam trotzdem nicht zu spät.

In den genannten Situationen könnte aber auch immer ein Komma an Stelle des Semikolons verwendet werden.

Ein Semikolon hat trotzdem immer eine nebenordnende Funktion und kann deshalb nie zwischen einem Haupt- und einem Nebensatz verwendet werden.

Apostroph

Setzt man ein Apostroph, so zeigt man zum einen an, dass Buchstaben weggelassen worden sind, und zum anderen, dass einem Wort eine Endung angefügt wurde. In vielen Fällen liegt es aber tatsächlich im Ermessen des Schreibers, ob er ein Apostroph setzen möchte oder nicht.

z. B. einz'ger Moment, 's ist zu früh, das ist 'ne gute Sache

In den Beispielen wird deutlich, dass ein Buchstabe weggelassen wurde, der durch das Apostroph ersetzt wurde. Dies kommt häufiger in älteren Gedichten vor. Es gibt allerdings auch eine Ausnahme. Das Apostroph darf nicht gesetzt werden, wenn es sich bei dem ausgelassenen Buchstaben um ein unbetontes „e“ handelt.

Ein Apostroph wird auch dann gesetzt, wenn einem Namen z. B. aufgrund des Genitivs ein -s angefügt wird, dieser aber schon auf ein -s, -ss, -ß, -tz, -z, -x oder -ce endet.

z. B. Herr Schauß‘ Gedicht, Louis‘ Auto

Eckige & runde Klammern

Klammern haben grundsätzlich die Funktion, etwas aus einem Text auszuklammern. Anders als beispielsweise bei dem Komma, gibt es allerdings beim Setzen von Klammern keine starren Regeln. Oft liegt das Setzen oder Weglassen der Klammern im Ermessen des Schreibers. Es gibt zwei unterschiedliche Arten von Klammern, deren Gebrauch sich unterscheidet. Möchte man z. B. eine ergänzende Information zu einem Wort oder Satz geben, so tut man dies meistens in Form eines Einschubs in runden Klammern.

z. B. Die sieben Kontinente (Europa, Asien, Afrika, Nord- und Südamerika, Australien und die Antarktis) verteilen sich gleichmäßig über den Erdball.

Eckige Klammern wiederum verwendet man zum einen für Erläuterungen, Ergänzungen etc. zu einem bereits in runden Klammern stehenden Satz oder Wort. Zum anderen finden eckige Klammern Einsatz bei Zitierungen. Möchte man z. B. etwas zitieren, das Gespräch oder der ganze Text ist aber zu lang, so kann man mit eckigen Klammern und drei Punkten darin [...] darauf aufmerksam machen, dass man nicht das gesamte Gesagte zitiert hat, sondern ein Teil weggelassen wurde.

z. B. In einem Buch heißt es: „Es geht immer weiter [...].“

Mit diesem Satz verdeutlicht man, dass das Zitat im Original länger war, man möchte aber nur den Anfang zitieren.

Außerdem werden eckige Klammern auch genutzt, wenn Buchstaben, Worte oder Satzteile weggelassen wurden.

z. B. Ich mach[e] das doch gern[e].

Übung 31

Setzen Sie in dem folgenden Text die Sonderzeichen Fragezeichen, Ausrufezeichen, Semikolon, Apostroph und Klammern, wenn nötig (Lösung s. Kapitel „Lösungen"):

Ein Tag mit Freunden
Heute rief ich meine besten Freundinnen an, um zu fragen, ob sie mit mir ins Einkaufszentrum gehen wollen. Alle riefen „Ja" ins Telefon. „Wollen wir vorher noch etwas Essen gehen", fragte ich sie. Da der Afrikaner in der Steinstraße Blauer Nil sehr lecker sein soll, beschlossen wir, dorthin zu gehen. Um in das Lokal zu kommen, musste man eine kleine Treppe hinaufsteigen, sie war ziemlich glatt also warnte ich meine Freunde: „Achtung Die Treppe ist super glatt". Drinnen angekommen, wollten wir gleich wissen: „Gibt es hier auch etwas für Vegetarier" Der Kellner bejahte das, sodass wir uns in dem Lokal einen schönen Mittag mit anschließender Shoppingtour machen konnten.

Grammatik im Briefverkehr

Schreibt man einen Brief, so muss man sich vorher gut überlegen, an wen der Brief verschickt wird. Es macht einen großen Unterschied, auch für die grammatikalischen Regeln, ob der Brief formal oder persönlich sein soll. Formale Briefe schreibt man häufig an Behörden oder im beruflichen Leben, während persönliche Briefe meist an Freunde oder Familienmitglieder geschickt werden. Im Folgenden werden sowohl die Eigenschaften von formalen als auch persönlichen Briefen beschrieben.

ANREDEFORMEN

Formale Anrede

Einen formalen Brief schreibt man, wenn ein offizielles Anliegen besteht. Das kann z. B. eine Beschwerde, die Kündigung eines Vertrags oder eine Bewerbung sein. Formale Briefe werden heute allerdings eher selten geschrieben, häufig werden solche Angelegenheiten elektronisch über E-Mail abgehandelt. Nichtsdestotrotz gelten die hier beschriebenen Regeln für formale Briefe auch für E-Mails. Bei der Anrede via Brief oder E-Mail müssen einige Regeln beachtet werden.

Kennt man den Empfänger nicht, so lautet die allgemeine Anredeform:

Sehr geehrte Damen und Herren,

Ist der Name des Empfängers allerdings bekannt, so ist es höflicher, diesen direkt anzusprechen:

Sehr geehrter Herr Weller,

In den Beispielen kann man sehen, dass die Anrede immer mit einem Komma vom Rest des Textes abgegrenzt wird. Man macht in der Regel nach der Anrede eine Leerzeile und fängt dann an, sein Anliegen zu formulieren. Vorsicht, nach der Anrede steht ein Komma, d. h., mit dem Anliegen wird nicht mit Großschreibung begonnen, es sei denn, man startet mit einem Substantiv.

Persönliche Anrede

Einen persönlichen Brief schickt man an Freunde, Bekannte oder Familienmitglieder. Das kann z. B. ein Liebesbrief, eine Postkarte, ein Brief aus dem Ausland oder eine Geburtstagskarte sein. Persönliche Briefe werden heute eher selten verschickt, da diese durch elektronische Nachrichten weitestgehend ersetzt wurden. Bei einem persönlichen Brief gelten die Regeln für einen formalen Brief nicht. Ist der Brief persönlich, so sollte man den Empfänger kennen. Dieser wird in der Anrede direkt angesprochen. Man kann das wie folgt machen:

Hallo Tante Klara,

Möchte man etwas herzlicher klingen, kann das „hallo" ersetzt werden und man schreibt:

Liebe Tante Klara,

Wie auch bei der formalen Anrede wird nach der persönlichen Anrede ein Komma gesetzt und entweder in der nächsten Zeile weitergeschrieben oder sogar eine Zeile frei gelassen.

GROß- UND KLEINSCHREIBUNG BEI PERSONALPRONOMEN IN DER HÖFLICHKEITSFORM

Schreibt man formale und persönliche Briefe, so unterscheiden sich diese nicht nur in ihrer Anrede und dem Abschiedsgruß.

In formalen Briefen oder Schreiben generell wird die Höflichkeitsform „Sie" verwendet. Die Sie-Form wird immer groß geschrieben, ebenso die Anredefürwörter Ihr, Ihre, Ihrem, Ihnen, Ihren.

z. B. Bitte geben Sie mir bis spätestens morgen Bescheid.

z. B. In Ihrem letzten Schreiben bezogen Sie sich auf...

Schreibt man hingegen einen persönlichen Brief, so verwendet man die sogenannte du-Form. Die du-Anrede sowie die entsprechenden Wörter dein, deinem, deinen, ihr, eure, euren, eurem werden klein geschrieben.

GRUßFORMELN

Formale Grußformel

Der formale Brief muss nach der Formulierung des Anliegens auch mit einer höflichen Grußformel abgeschlossen werden. In der Regel kann immer geschrieben werden: Mit freundlichen Grüßen

Möchte man etwas lockerer und zeitgemäßer klingen, so kann man auch schreiben: Freundliche Grüße

Unter der Grußformel wird dann händisch mit Vor- und Nachnamen unterschrieben. Wie in den Beispielen zu sehen ist, steht hinter der Grußformel kein Komma. In der Regel wird zudem zwischen Grußformel und Unterschrift etwas Platz gelassen, damit alles ordentlich aussieht.

Persönliche Grußformel

Nachdem man auch in dem persönlichen Brief seine Anliegen berichtet hat, folgt auch hier eine Grußformel. Bei dem persönlichen Brief ist man sehr frei, was man als Grußformel wählt. Man kann z. B. schreiben: Viele Grüße / Herzliche Grüße / Liebe Grüße

Unter der Grußformel wird auch im persönlichen Brief unterschrieben, allerdings in der Regel nur mit dem Vornamen. Wie auch hier in den Beispielen zu sehen ist, steht hinter der Grußformel kein Komma. Einige Regeln sind dann doch für persönliche und formale Briefe gleich.

Formelle E-Mails

• formulieren Sie einen zutreffenden, kurzen Betreff, damit der Leser Ihre E-Mail nicht übersieht:

„*Kontaktaufnahme*" oder „*Ihr Zeitungsartikel*" sind zu vage, „*Ihr Zeitungsartikel zum Thema Skaterpark war sehr interessant, deshalb habe ich einige Fragen*" ist zu lang und umfassend.

Besser ist daher kurz & prägnant: „*Ausbau des Skaterparks*".

• korrekte Anrede mit Namen (und Titel), gefolgt von einem Komma: „Guten Tag Doktor Meyer,"; falls kein Name bekannt ist: „Sehr geehrte Damen und Herren,"

• falls nötig, stellen Sie sich kurz mit Ihrem Namen und Ihrem Anliegen vor:

„Mein Name ist Luca Müller. Ich habe Ihren Zeitungsartikel zum Ausbau des Skaterparks gelesen und wende mich mit einigen Fragen an Sie."

• Verwenden Sie ganze, höfliche und vor allem sachlich formulierte Sätze und vermeiden Sie unnötige Verkürzungen, Umgangssprache, Emojis und Witze.

• Halten Sie sich kurz, aber achten Sie darauf, dass das Anliegen verständlich und klar formuliert ist.

• Schließen Sie die E-Mail angemessen mit Grußformel und Ihrem vollen Namen ab; abschließende Grußformeln sind zum Beispiel:

Mit freundlichen Grüßen Freundliche Grüße Herzliche Grüße

Max Mustermann
Musterstraße 1
12345 Musterstadt

Oben links steht der Absender mit seiner vollständigen Adresse

Erika Musterfrau
Musterweg 1
67890 Musterstadt

Etwa 5 Zeilen darunter steht die vollständige Anschrift des Empfängers

Stadt, 01.08.2021

Oben rechts stehen Ort und Datum des Absenders

Bekanntgabe der Brückentage

3-4 Zeilen darunter steht in fetten Buchstaben der Betreff (ohne das Wort Betreff!): Er gibt in wenigen Worten die Intention bzw. den Inhalt des Briefes an

Sehr geehrte Damen und Herren,

Darunter folgt die korrekte Anrede, falls keine Namen bekannt sind: „Sehr geehrte Damen und Herren, ...“ oder auch nur „Guten Tag, ...“ Achtung, nach der Anrede folgt ein Komma!

....

Nach dem Briefinhalt steht die Schlussformel „Mit freundlichen Grüßen“, „Freundliche Grüße“ oder, wenn der Empfänger etwas bekannter ist, „Viele Grüße“. Achtung, hier kein Komma!

Mit freundlichen Grüßen

Max Mustermann 

Immer mit Vor- und Nachnamen unterschreiben

Bonus: Kurzüberblick Satzbau für DAF-Lerner

Falls Sie Deutsch als Fremdsprache (DaF) lernen, ist dieses Kapitel zum Satzbau besonders für Sie geeignet, da in einfachen Schritten erklärt wird, wie man einen Satz aufbaut. Ein Satz im Deutschen besteht aus verschiedenen Satzelementen. Diese müssen in der richtigen Reihenfolge angeordnet werden, um einen korrekten Satz zu formulieren. Im Folgenden wird beschrieben, wie man einen einfachen Satz richtig formuliert.

Der einfachste Satz im Deutschen besteht aus zwei Satzelementen, dem Subjekt und dem Prädikat. Man nennt diese Satzkombination einen Minimalsatz. Das **Subjekt** kann ein Substantiv oder ein Pronomen sein und gibt an, wer oder was etwas tut. Es ist der Satzgegenstand. Das ***Prädikat*** ist das konjugierte Verb und gibt an, was getan wird.

z. B. Linda *rennt*.

z. B. Die Frau *schreibt*.

Man nennt diese Form eines Satzes einen Aussagesatz, da er eine Aussage in verschiedensten Formen macht. Das ist die häufigste Satzart im Deutschen. Man kann an den Beispielen sehen, dass immer das Subjekt an erster Stelle steht, gefolgt von dem Prädikat an der zweiten Position.

Da diese Sätze sehr einfach sind, ist in einem normalen deutschen Satz meistens noch ein **Objekt** enthalten. Man bezeichnet das Objekt auch als Satzergänzung. Es ist der Gegenstand oder die Person, mit dem bzw. mit der etwas getan wird.

z. B. Sie liest das Buch.

z. B. Die Mutter kocht das Essen.

Man kann an den Beispielen sehen, dass mit dem Objekt immer etwas getan wird (das Buch wird gelesen, das Essen wird gekocht), daran erkennt man auch das Objekt. Wie die Beispiele zeigen, steht das Objekt immer hinter dem konjugierten Verb an dritter Position.

Es kann aber auch passieren, dass das Verb aus zwei Teilen besteht. Dies ist der Fall, wenn man z. B. die **Zeitform** ändert oder ein **trennbares** Verb verwendet. Dann sieht der Satzbau wie folgt aus:

z. B. Sie geht im Supermarkt einkaufen.

z. B. Der Mann hat Gitarre gespielt.

Man kann an den Beispielen erkennen, dass, wenn man ein Verb aus zwei Teilen im Satz hat, dieses sich aufteilt. Die konjugierte Verbform bleibt nach wie vor an der zweiten Position stehen. Der zweite Teil des Verbs, sei es z. B. der Infinitiv oder das Partizip II, steht am Satzende.

Bei etwas komplizierteren Sätzen ist es auch häufig so, dass man zwei Objekte in einem Satz hat. Man spricht dann vom direkten und indirekten Objekt. Oft ist es so, dass das ***indirekte Objekt*** im Dativ steht (wem?), d. h., es handelt sich hierbei um eine Person oder ein Tier. Das **direkte Objekt** steht dann im Akkusativ (wen oder was?) und ist häufig eine Sache oder ein Gegenstand.

z. B. Sie gibt *ihm* das Buch.

z. B. Das Kind stellt *Lisa* ein Bein.

Auch in den Beispielen kann man sehen, dass es sich beim indirekten Objekt häufig um eine Person (ihm, Lisa) und bei dem direkten Objekt um eine Sache oder einen Gegenstand (das Buch, ein Bein) handelt. Das indirekte Objekt steht dabei immer vor dem direkten Objekt im Satz.

Eine letzte wichtige Ergänzung gibt es noch, die man zum Formulieren deutscher Sätze wissen muss. Häufig kommen in Sätzen noch zusätzlich **Adverben** vor. Diese geben an, wann, wo, wie oder weshalb etwas passiert. Adverben können an zwei unterschiedlichen Positionen im Satz stehen:

z. B. Julian geht heute mit Lukas ein Eis essen.

Steht das Adverb in der Satzmitte, so schiebt es sich an die dritte Position zwischen das konjugierte Verb und das indirekte Objekt. Die Position der anderen Satzglieder ändert sich nicht. Das Adverb kann aber auch an den Satzanfang gestellt werden. In diesem Fall ändert sich die Satzstruktur:

z. B. Heute geht Julian mit Lukas ein Eis essen.

Man kann in dem Beispiel sehen, dass, wenn das Adverb am Satzanfang steht, sich die Positionen des konjugierten Verbs und des Subjekts vertauschen. Das konjugierte Verb steht in diesem Fall vor dem Subjekt.

Lösungen

Übung 1: Substantive und ihre Artikel

Genus	Artikel	Substantiv
Neutrum	das	Kind
Maskulinum	der	Junge
Femininum	die	Schwester
Femininum	die	Tänzerin
Maskulinum	der	Sudan
Femininum	die	Politik
Neutrum	das	Pfötchen
Neutrum	das	Koma
Femininum	die	Fröhlichkeit
Maskulinum	der	Abgleich

Übung 2: Verben

	Verben
Sie rennt das Kind um.	umrennen
Sie durchfahren die Würste.	durchfahren
Sie stellt das Essen bereit.	bereitstellen
Er überquert die Brücke.	überqueren
Sie gibt den Job auf.	aufgeben
Er weist das Kind zurecht.	zurechtweisen
Das Kind stellt das Schild auf.	aufstellen
Sie umschreibt das Geschehen.	umschreiben

Übung 3: Adjektive

	Adjektiv
Die Frau ist schön.	schön
Der grüne Baum steht im Garten.	grün
Der zuverlässige Sohn lacht.	zuverlässig
Das kluge Kind vergisst nichts.	klug
Das Mädchen ist leise.	leise
Der schnelle Hase ist im Bau.	schnell
Der Schüler ist bereit.	bereit
Der Hund ist lieb.	lieb
Die fürsorgliche Mutter kocht viel.	fürsorglich
Das Essen schmeckt toll.	toll

Übung 4: Pronomen

	Pronomen
Dein Hund ist sehr lieb.	Possessivpronomen
Das Kleid gefällt mir überhaupt nicht.	Reflexivpronomen
Das Kind hat etwas auf dem Herzen.	Indefinitpronomen
Wir treffen uns heute.	Reflexivpronomen
Ich heiße Lisa.	Personalpronomen
Paul mag die Katze, die gestern die Straße entlanglief.	Relativpronomen
Wessen Schlüssel ist das?	Interrogativpronomen
Das ist dieselbe Frau von gestern.	Demonstrativpronomen

Übung 5: Adverbien

	Adverb
Die Party ist toll, deshalb bleibe ich etwas länger.	Grund
Die Katze ist genauso nett wie der Hund.	Art und Weise
Sicherheitshalber frage ich nach dem Weg.	Art und Weise
Der Schlüssel liegt unter dem Schrank.	Ort
Wir haben gestern toll zu Abend gegessen.	Zeit
Komm sofort hier her!	Zeit
Sie wäre beinahe ins Wasser gefallen.	Art und Weise
Ich gehe immer vor dem Schwimmen duschen.	Zeit

Übung 6: Artikel

Er spielt Fußball.
Das Halsband des Hundes ist schön.
Sie spielt dem Lehrer einen Streich.
Das Sofa ist aus Stoff.
Die Kinder spielen gerne auf der Straße.
Die Lehrerin erzählt eine Geschichte.
Spanien ist das schönste Land der Welt.
Die Tiere fressen das Essen.
Sie findet das Kleid nicht schön.

Übung 7: Präpositionen

	Präposition
Der Teppich liegt unter dem Tisch.	lokal
Dank der letzten Lieferung ist das Geschenk da.	kausal
Ich habe mich gegen das Kleid entschieden.	modal
Ich bin während der Feier nach Hause gegangen.	temporal
Ich bin durch dich darauf gekommen.	kausal
Mit dir an meiner Seite fühle ich mich gut.	modal
Sie holte sich vor dem Spiel etwas zu trinken.	temporal
Der Schlüssel ist unter den Sitz gefallen.	lokal
Ich bleibe bei meiner Freundin bis zum späten Nachmittag.	temporal

Übung 8: Nominalisierung

	Nominalisierung
wandern	die Wanderung
gelb	das Gelb
heute	das Heute
fünfte	das Fünfte
beweisen	der Beweis
laufen	der Lauf
einsam	die Einsamkeit
rennen	das Rennen
empfindlich	die Empfindlichkeit

Übung 9: Partikel

	Partikel
Sag bloß, du bist dort hingegangen.	Modalpartikel
Vielleicht ist sie zu Hause.	Modalpartikel
Ich hätte gedacht, wenigstens du würdest kommen.	Fokuspartikel
Ich bin ganz schön müde.	Gradpartikel
Sie fühlt sich sehr schön in dem Kleid.	Gradpartikel
Das hat wohl doch keinen Sinn.	Modalpartikel
Zumindest ist das Kind nach Hause gekommen.	Fokuspartikel
Sie ist extrem zurückhaltend.	Gradpartikel
Mich hat es doch noch erwischt.	Modalpartikel

Übung 10: Flexion von Nomen

Nomen	Vorgabe (Anzahl/Fall)	Flexion
das Kind	Plural/Nominativ	die Kinder
der Schuh	Singular/Genitiv	des Schuhs
der Schal	Singular/Akkusativ	den Schal
die Kartoffel	Singular/Dativ	der Kartoffel
das Glas	Plural/Nominativ	die Gläser
die Pflanze	Plural/Akkusativ	die Pflanzen
das Huhn	Singular/Dativ	dem Huhn
die Frau	Plural/Dativ	den Frauen
das Sofa	Singular/Genitiv	des Sofas
der Baum	Singular/Akkusativ	den Baum

Übung 11: Konjugation von Verben

	Infinitiv	rennen	wissen	beweisen	lächeln
Singular	ich	renne	weiß	beweise	lächle
	du	rennst	weißt	beweist	lächelst
	er, sie, es	rennt	weiß	beweist	lächelt
Plural	wir	rennen	wissen	beweisen	lächeln
	ihr	rennt	wisst	beweist	lächelt
	sie	rennen	wissen	beweisen	Lächeln

	Infinitiv	malen	schlafen	warten	helfen
Singular	ich	male	schlafe	warte	helfe
	du	malst	schläfst	wartest	hilfst
	er, sie, es	malt	schläft	wartet	hilft
Plural	wir	malen	schlafen	warten	helfen
	ihr	malt	schlaft	wartet	helft
	sie	malen	schlafen	warten	helfen

Übung 12: Steigerung von Adjektiven

Positiv	Komparativ	Superlativ
schön	schöner	am schönsten
klug	klüger	am klügsten
langsam	langsamer	am langsamsten
toll	toller	am tollsten
weiß	weißer	am weißesten
rot	röter	am rötesten
gut	besser	am besten
dunkel	dunkler	am dunkelsten
viel	mehr	am meisten

Übung 13: Wer, was & wie viele?

Singular	Plural
der Stift	die Stifte
die Socke	die Socken
das schöne Haus	die schönen Häuser
das schnelle Tier	die schnellen Tiere
das Glas	die Gläser
der Schüler/die Schülerin	die Schüler
die bunte Tasse	die bunten Tassen
der Himmel	-
die Schule	die Schulen

Übung 14: Wort- und Silbentrennung

Schuhkarton	Schuh-kar-ton
Sammelbehälter	Sam-mel-be-häl-ter
Tür	Tür
Schwein	Schwein
sammeln	sam-meln
Tomate	To-ma-te
Schnürsenkel	Schnür-sen-kel
Computer	Com-pu-ter
Sonnencreme	Son-nen-cre-me
packen	pack-en
platzen	plat-zen
Klingel	Klin-gel

Übung 15: Nominativ

Ich spiele mit meiner Freundin ein Spiel.
Während die Mutter kocht, kommt der Vater nach Hause.
Trotz des schlechten Wetters wollen sie einen Ausflug machen.
Deine Autoschlüssel liegen auf dem Tisch.
Das Wetter ist wirklich schlecht.
Wann kommst du wieder nach Hause?
Die Familie fährt in den Urlaub.
Unsere Kinder spielen sehr schön zusammen.
Das schlaue Kind kann die Aufgabe schnell lösen.
Der Hund jagt die Katze.

Übung 16: Genitiv

Die Frau des Chefs hat eine neue Tasche.
Das Mädchen findet das Halsband des Hundes.
Der Vater meines Onkels ist mein Opa.
Das sind die Schuhe meiner Freundin.
Anettes Schlüssel liegen auf dem Tisch.
Trotz des schlechten Wetters wollen sie einen Ausflug machen.
Die Familie fährt in das Haus ihres Freundes.
Aufgrund der Sperrung können sie dort nicht langfahren.

Übung 17: Dativ

Die Frau gibt dem Kind den Lutscher.
Das Mädchen findet das Halsband des Hundes und gibt es dem Mann.
Sie spielt mit ihm ein Spiel.
Nach der Schule gehen sie zu der Tante.
Anettes Schlüssel liegen auf dem Tisch.
Am Morgen wollte sie dem Briefträger eine Überraschung geben.
Die Schuhe von der Frau sind schön.
Er kann seinem Lehrer nicht genug danken.
Warum kannst du ihr das Geld nicht einfach zurückgeben?
Meinem Bruder ist das sehr peinlich.

Übung 18: Akkusativ

Die Frau gibt dem Kind den Lutscher.
Das Mädchen findet das Halsband des Hundes und gibt es dem Mann.
Sie spielt mit ihm ein Spiel.
Während er am Tisch sitzt, sucht sie das Telefon.
Der Hund jagt die Katze.
Am Morgen wollte sie dem Briefträger eine Überraschung geben.
Das Mädchen gibt ihrer Freundin ihren Stift.
Er kann seinen Lehrer nicht leiden.
Warum kannst du ihr das Geld nicht einfach zurückgeben?
Er mag sein Gemüse nicht essen.
Der Zug fährt durch den Tunnel.

Übung 19: Haupt- und Nebensätze

Hauptsatz/Nebensatz
Damit sie den Ring findet, wartet sie bis zum Sonnenaufgang.
Sie kann das Mädchen nicht erreichen, um sich zu bedanken.
Karl spielt mit ihm ein Spiel, sodass er nicht warten muss.
Sie liebt ihren Hund und sie liebt ihre Katze.
Weil es regnet, benutzt Lisa einen Regenschirm.
Am Morgen wollte sie dem Briefträger eine Überraschung geben.
Das Mädchen gibt ihrer Freundin ihren Stift, damit sie das Blatt ausfüllen kann.
Er kann seinen Lehrer nicht leiden, weil er immer unfreundlich ist.

Übung 20: Wörtliche Rede

direkte Rede	direkte Rede mit Begleitsatz
„Ich mag dich nicht." (nachgestellt)	„Ich mag dich nicht", sagte Lisa.
„Kannst du bitte die Hunde reinholen?" (nachgestellt)	„Kannst du bitte die Hunde reinholen?", sagte Lisa
„Pass auf!" (vorangestellt)	Lisa sagte: „Pass auf!"
„Sie kommen immer zu spät." (eingeschoben)	„Sie", sagte Lisa, „kommen immer zu spät."
„Ich brauche wirklich Urlaub!" (vorangestellt)	Lisa sagte: „Ich brauche wirklich Urlaub!"
„Ich hab euch lieb." (eingebaut)	„Ich", sagte Lisa, „hab euch lieb."

Übung 21: Indirekte Rede

indirekte Rede	direkte Rede
Die Mutter sagte, dass sie heute in den Zoo gingen.	„Wir gehen heute in den Zoo"
Die Mutter sagte, dass sie dort sehr glücklich gewesen seien.	„Wir waren hier sehr glücklich"
Die Mutter sagte, dass sie habe einen großen Garten.	„Ich habe einen großen Garten"
Die Mutter sagte, dass er keine Jacke angehabt habe.	„Du hast keine Jacke an"
Die Mutter sagte, dass sie Urlaub brauche.	„Ich brauche Urlaub"
Die Mutter sagte, dass sie ihre Kinder sehr liebten.	„Wir lieben unsere Kinder sehr"

Übung 22: Relativsätze

Tiger kommen aus Asien, woher auch viele andere exotische Tierarten kommen.	Relativadverb
Lisa mag den Sessel, der im Wohnzimmer steht.	Relativpronomen
Sie ist krank, weshalb sie nicht in den Urlaub fahren kann.	Relativadverb
Das ist der Mann, über den wir letztens gesprochen haben.	Relativpronomen mit Präposition
Das Kind, welches in dem Nachbarhaus wohnt, ist sehr schüchtern.	Relativpronomen
Mein Mann freut sich auf den Urlaub, morgen geht es los.	kein Relativ Satz
Wir spielen gerne das Spiel, das im Wohnzimmer steht.	Relativpronomen

Übung 23: Präsens

	Präsens
Sie ging shoppen.	Sie geht shoppen.
Karl wird arbeiten gehen.	Karl geht arbeiten.
Wir waren im Haus.	Wir sind im Haus.
Sie spielten ein Spiel.	Sie spielen ein Spiel.
Ihr werdet das Kind retten.	Ihr rettet das Kind.
Du hattest zwei Katzen.	Du hast zwei Katzen.
Ich war ein großer Fan.	Ich bin ein großer Fan.
Er wird seine Katze lieben.	Er liebt seine Katze.
Wir hatten einen Garten.	Wir haben einen Garten.
Es war nicht immer leicht.	Es ist nicht immer leicht.
Ihr seid gewandert.	Ihr wandert.

Übung 24: Perfekt

	Perfekt
Sie läuft.	Sie ist gelaufen.
Karl wird arbeiten gehen.	Karl ist arbeiten gegangen.
Wir fahren zu Freunden.	Wir sind zu Freunden gefahren.
Sie spielten ein Spiel.	Sie haben ein Spiel gespielt.
Ihr werdet das Kind retten.	Ihr habt ein Kind gerettet.
Du hattest zwei Katzen.	Du hast zwei Katzen gehabt.
Ich renne gerne.	Ich bin gerne gerannt.
Er wird seine Katze lieben.	Er hat seine Katze geliebt.
Wir hatten einen Garten.	Wir haben einen Garten gehabt.
Es war nicht immer leicht.	Es ist nicht immer leicht gewesen.
Ihr wandert.	Ihr seid gewandert.

Übung 25: Präteritum

	Präteritum
Sie ist gelaufen.	Sie lief.
Karl wird arbeiten gehen.	Karl ging arbeiten.
Wir werden im Haus sein.	Wir waren im Haus.
Sie spielen ein Spiel.	Sie spielten ein Spiel.
Ihr werdet das Kind retten.	Ihr rettetet das Kind.
Du hast zwei Katzen.	Du hattest zwei Katzen.
Ich bin ein großer Fan.	Ich war ein großer Fan.
Er wird seine Katze lieben.	Er liebte seine Katze.
Wir haben einen Garten.	Wir hatten einen Garten.
Es wird regnen.	Es regnete.
Ihr seid gewandert.	Ihr wandertet.

Übung 26: Plusquamperfekt

	Plusquamperfekt
Sie ist gelaufen.	Sie war gelaufen.
Karl wird arbeiten gehen.	Karl war arbeiten gegangen.
Wir vermissen unseren Hund.	Wir hatten unseren Hund vermisst.
Sie spielen ein Spiel.	Sie hatten ein Spiel gespielt.
Ihr werdet das Kind retten.	Ihr hattet das Kind gerettet.
Du hast zwei Katzen.	Du hattest zwei Katzen gehabt.
Ich bin ein großer Fan.	Ich war ein großer Fan gewesen.
Er wird seine Katze lieben.	Er hatte seine Katze geliebt.
Wir haben einen Garten.	Wir hatten einen Garten gehabt.
Es wird regnen.	Es hatte geregnet.
Ihr seid gewandert.	Ihr wart gewandert.

Übung 27: Futur I

	Futur I
Sie ist gelaufen.	Sie wird laufen.
Karl ist arbeiten gegangen.	Karl wird arbeiten gehen.
Wir vermissen unseren Hund.	Wir werden unseren Hund vermissen.
Sie spielen ein Spiel.	Sie werden ein Spiel spielen.
Ihr habt das Kind gerettet.	Ihr werdet das Kind retten.
Du hast zwei Katzen.	Du wirst zwei Katzen haben.
Ich bin ein großer Fan.	Ich werde ein großer Fan sein.
Er hat seine Katze geliebt.	Er wird seine Katze lieben.
Wir haben einen Garten.	Wir werden einen Garten haben.
Es hat geregnet.	Es wird regnen.
Ihr seid gewandert.	Ihr werdet wandern.

Übung 28: Futur II

	Futur II
Sie ist gelaufen.	Sie wird gelaufen sein.
Karl ist arbeiten gegangen.	Karl wird arbeiten gegangen sein.
Wir vermissen unseren Hund.	Wir werden unseren Hund vermisst haben.
Sie spielen ein Spiel.	Sie werden ein Spiel gespielt haben.
Ihr habt das Kind gerettet.	Ihr werdet das Kind gerettet haben.
Du hast zwei Katzen.	Du wirst zwei Katzen gehabt haben.
Ich bin ein großer Fan.	Ich werde ein großer Fan gewesen sein.
Er hat seine Katze geliebt.	Er wird seine Katzen geliebt haben.
Wir haben einen Garten.	Wir werden einen Garten gehabt haben.
Es hat geregnet.	Es wird geregnet haben.
Ihr seid gewandert.	Ihr werdet gewandert sein.

Übung 29: Aktiv und Passiv

aktiv	passiv
sie wird suchen	sie wird gesucht werden
ich habe geliebt	ich bin geliebt worden
ihr trugt	ihr wurdet getragen
du verlässt	du wirst verlassen
sie haben getragen	sie sind getragen worden
er liebte	er wurde geliebt
ihr schlagt	ihr werdet geschlagen
ihr werdet gemalt haben	ihr werdet gemalt worden sein
er wird gefahren	er wird gefahren werden
sie wird gebracht	sie wurde gebracht
ich liebe	ich werde geliebt
wir verließen	wir wurden verlassen
ich habe getragen	ich bin getragen worden

Übung 30: Kommasetzung

Das Fußballturnier
Heute ist es endlich so weit, mein großes Fußballturnier steht an. Ich habe so viel trainiert, Abwehr, Angriff, sogar 11-Meter-Schießen. „Du wirst heute richtig gut spielen“, sagte mir auch meine Mutter. Ich bin so aufgeregt, sodass mich meine Mutter schon eine Stunde früher zu dem Turnier fahren muss. Prima, da ist schon mein bester Freund. Ich kenne Niklas schon, seit ich ganz klein bin, er kommt aus der Nachbarschaft. Vor seinem Vater, der Polizist ist, habe ich immer etwas Respekt. Aber zurück zum Turnier. Wir werden heute vier Spiele haben und wenn wir unter die ersten Zwei kommen, dann sogar noch ein Drittes. Ich bin bereit, mein Bestes zu geben.

Übung 31: Sonderzeichen

Ein Tag mit Freunden
Heute rief ich meine besten Freundinnen an, um zu fragen, ob sie mit mir ins Einkaufszentrum gehen wollen. Alle riefen „Ja!“ ins Telefon. „Wollen wir vorher noch etwas Essen gehen?“, fragte ich sie. Da der Afrikaner in der Steinstraße (Blauer Nil) sehr lecker sein soll, beschlossen wir, dorthin zu gehen. Um in das Lokal zu kommen, musste man eine kleine Treppe hinaufsteigen, sie war ziemlich glatt, also warnte ich meine Freunde: „Achtung! Die Treppe ist super glatt“. Drinnen angekommen, wollten wir gleich wissen: „Gibt es hier auch etwas für Vegetarier?“ Der Kellner bejahte das, sodass wir uns in dem Lokal einen schönen Mittag mit anschließender Shoppingtour machen konnten.